# 中国粮食供给反应研究

王　晨　王济民　著

中国农业出版社

农村读物出版社

北　京

# 摘　要
## ABSTRACT

　　改革开放以来，我国经济快速增长，粮食生产能力不断增强。尤其是 2004 年以来，国家全面支持农业发展，我国粮食产量实现十八连丰，中国粮食供给已由供不应求转变为结构性、阶段性供过于求的新时期。2016 年起，农业供给侧结构性改革的提出标志着新的农业政策转型时期开始，我国农业政策由支持产量增长的增产导向型向以追求质量、效率和环境的质效导向型转变。然而，农民决策行为、自然因素等不确定性揭示粮食供给风险依然存在，因此在推进农业产业结构调整时粮食安全依然不能掉以轻心。

　　本研究分析改革开放以来我国粮食供给情况，对粮食发展阶段、波动特征及结构区域变化进行分析。应用利润函数构建的静态供给反应模型及 Nerlove 动态供给反应模型，从静态和动态两个角度揭示各因素对不同粮食品种供给的影响程度。同时，讨论农民预期价格的形成方式及决策行为，探寻利润与价格对粮食供给影响的差异，衡量农业政策变化对这些因素以及粮食供给的影响。

　　通过对粮食供给情况的分析发现，农业政策调整对粮食供给有很大影响。2004 年农业政策的全面转型促进了粮食产量的增长，粮食供给结构、主产区随时间变动促进形成新的粮食产业优势带。为进一步了解粮食供给的决定性因素，本研究建立利润函数静态供给反应模型，发现粮食自身价格、其他粮食价格以及生产要素价格对粮食供给都存在很大的影响。为了保障粮食稳定供给，应建立稳定的粮食市场管理机制，加强对粮食产品及生产要素价格的监控。

在粮食动态供给反应模型研究中，同样条件下粮食作物播种面积及单位面积产量对幼稚性预期的价格比适应性预期的价格和理性预期的价格的短期弹性更大。幼稚性价格预期更加普遍地反映了我国农民生产决策行为。同时，在多个模型中，水稻、小麦总产量对预期利润的弹性普遍大于对预期价格的弹性，而大豆总产量对预期价格的弹性更大。灌溉面积、技术进步对所有粮食作物单位面积产量都有显著正效应，自然风险有显著的负效应。2004 年农业政策调整后，预期利润、自然风险对作物的影响变弱，表明我国对农业的保护使农业生产抗灾能力不断增强。因此，调整农民预期利润、控制粮食比较价格是供给侧结构性改革切实有效的手段，同时通过加强农村基础设施建设，农业科技创新投入，抗灾防灾设施建设等农业政策，可以在农业结构调整过程中保障农民收益。

农业政策在促进粮食总产量增长的同时也造成粮食市场的扭曲。价格支持政策推动了国内粮食价格的持续增长，造成国内外价差不断扩大，粮食进口量、库存量同时增长等一系列问题。为实现农业供给侧结构性改革，农业政策调整势在必行。通过对最低收购价调整模拟发现，小幅下调最低收购价对粮食市场影响不大，但当水稻、小麦最低收购价格下调过快会刺激玉米增产，刺激粮食进口，不利于农业供给侧改革。当最低收购价格取消时，政府可能会对水稻、小麦主产区实行与玉米、大豆类似的生产者补贴政策，而与播种面积挂钩的生产者补贴政策会导致粮食供给调整幅度的减弱。因此在农业结构调整时应秉承粮食安全理念，把握好调整尺度，构建粮食安全保障体系，同时合理优化农业补贴政策，完善粮食生产利益调节机制，促进农业供给侧结构调整，保障粮食稳定供给。

**关键词：**粮食；利润函数；农民预期；动态供给反应；农业政策

# Abstract

Since reform and opening up, economic has grown rapidly and grain production capacity has enhanced constantly in China. Especially since 2004, the government of China has been comprehensively supporting the development of agriculture, grain output has continuely increased for 12 years. China's grain has been transformed from demand exceeding supply to a new stage, grain supply exceeding demand on structural and periodical. In 2016, agricultural supply-side structural reform marked the initiation of new agricultural policy transition period. China's agricultural policy changed from the increasing production orientation (which focuses on output growth) to the quality-efficiency orientation (which pursues quality, efficiency and environment improvement). However, the uncertainty of farmers' decision-making behavior, natural factors and other factors reveal that the risk of grain supply still exists. Food security cannot be taken lightly in the process of agricultural structure adjustment.

This study analyzes the situation of China's grain supply, grain development stages, production fluctuation characteristics and change of production area and structure in China since the reform and opening-up. Based on profit function static supply response model and Nerlove dynamic supply response model, this study reveals the influence of various factors on the grains supply from two aspects of static and dynamic. Synchronously, discusses forming methods of expectation grain prices and decision-making behavior of peasants, explores the difference of profit and price in impacting on grain supply, and measures the influence of agricultural policy changes on these factors as well as the supply of agricultural products.

Based on the analysis of the grain supply situation, this study finds that the agricultural policies adjustment has a great impact on grain supply. The comprehensive transformation of agricultural policy promotes the growth of grain production. The time-varying changing of grain supply structure and main grain producing areas causes the formation of the new grain production advantage zone in 2004. For further comprehending the grain supply determing factors, this study establishes profit function static supply response model, finds that grain prices, other grain prices and production factors prices have great influence on grain supply. In order to ensure the stable supply of grain, we should establish a stable grain market management mechanism, strengthen the monitoring of the price of grain and production factors.

In the study of grain dynamic supply response, area and yield of grain response to the naive expectation price is larger than the adaptability expectation price and rational expectation price in the same condition. It can be concluded that the naive expectation more generally reflects the farmers' production decision behavior in our country. At the same time, the expected profit elasticity coefficient is generally larger than expected price in rice and wheat dynamic supply response models. But soybean output responses to expected price is larger that expected profit. Irrigation and technological progress affect the yield positively and natural risk negatively for all grain. After 2004, the influence of expected profit and natural risk is weaken. It indicates that our country's agriculture protection has enhanced the ability of agricultural production to resist disasters. Therefore, adjusting farmers' expected profit and controlling grain relative price is effective means of realizing agricultural supply-side structural reform. And by means of rural infrastructure improvement, agricultural science and technology innovation, and disaster prevention facilities construction, the government could protect farmers' profit in agriculture structural adjustment.

Agricultural policy promotes grain production and distorts grain market at the same time. Price supporting policy drives grain price sustainable growth, and causes grain difference in price of domestic and overseas continuously extend, and grain import quantum and stock increase at the same time. In order to realize agricultural supply side reform, price support policy adjustment is imperative. By the means of simulating adjustment of minimum purchase price, we find reduce the minimum purchase price in a narrow range has little impact on the market, but it will stimulate maize production increasing and grain importing when the adjustment range is large, which is not conducive to the adjustment of agricultural structure. Therefore，we should keep food security in mind，grasp the adjustment scale well in the adjustment of agricultural structure，and build grain safety guarantee system. At the same time，the government should optimize the agricultural subsidy policy rationally，improve the mechanism for adjusting the interests of grain production，promote the adjustment of the agricultural supply structure，and ensure a stable supply of grain.

**Key words**：Grain；Profit function；Farmers' expectation；Dynamic supply response；Agricultural policy

# 目　录

CONTENTS

# 第1章 导论

## 1.1 研究的背景和意义

"民以食为天",粮食是人类生存最基本的生活资料,粮食充足稳定的供给是国家经济发展、社会稳定的基础。改革开放以来,我国经济经历了40多年的持续快速增长,我国粮食生产能力不断增强,实现了多次历史性跨越。粮食产量由1978年的6 000亿斤[①]增长至2021年的13 657亿斤,国内人均粮食占有量由318.74千克增长到483千克,超过世界平均水平128千克。学术界普遍认为粮食增产的根本原因是单位面积产量上升及农业结构调整(Yu et al.,2010;王济民等,2013;朱晶等,2013)。从1978年到2016年,粮食作物播种面积由1.2亿公顷下降到1.1亿公顷,而稻谷、小麦、玉米、大豆单产分别增长了65%、123%、110%、79%,玉米的种植比例更是由13%上涨到22%,一跃成为种植面积最大的粮食作物。粮食增产虽然保障了国家粮食安全,但也形成以玉米为代表的农产品高产量、高进口量、高库存"三高"共存的矛盾现象,而供给侧的体制机制障碍是形成这种现象的根本原因(魏后凯,2017)。随着人们生活水平大幅提高,食品需求结构不断升级,消费者更加注重绿色、健康、品质消费。中国粮食供给已由供不应求转变为结构性、阶段性供过于求。

伴随着农业的发展,农业政策也经历了两个不同阶段:一是1978—2003年国家对农业收支相对平衡阶段。改革开放后我国实行了家庭联产承包责任制及市场化改革,国家用于农业基础建设支出和支农支出不断增加,但与此同时国家向农业征税金额也持续增长,国家对农业的支出与农

---

① 斤为非法定计量单位,1斤=500克,下同。

业税收持平。二是 2004 年后国家全面支持农业发展阶段。21 世纪以来，尤其是 2004 年后，国家制定了工业反哺农业、城市支持农村的基本政策，通过取消农业税，实行粮食最低收购价、临时收储等价格支持政策稳定粮食市场价格，并提供了粮食直补、良种补贴、农资综合补贴、农机购置补贴等一系列农业补贴政策增加农民收入，这些措施调动了农民生产积极性，实现新时期农业政策的全面转型（程国强等，2012）。2016 年起，国家发展战略和政策发生重大变化，农业供给侧结构性改革的提出标志着新的农业政策转型时期开始，其根本含义是粮食供给由市场引导（孔祥智，2016）。降低稻谷最低收购价、取消玉米临时收储、发展粮经饲三元结构等一系列措施，正式提出我国农业政策由支持产量增长的增产导向型向追求质量、效率和环境的质效导向型转变，改变粮食保护价过高、政府负担过重的局面。国家希望通过农业政策调整改变市场经营主体对粮食价格保护政策的长期依赖，减少粮食生产的预期利润，培养农民依据市场波动调整未来预期的能力，促进其他结构性短缺农产品的生产，从而达到调节农民种植决策行为、影响农产品供给结构的目的。

然而，农业政策调整时农民决策行为、农产品价格等因素存在不确定性，农业供给风险依然存在。20 世纪 90 年代农业结构调整，国家大幅度调减粮食播种面积，这一措施与之后出现的粮食产量供不应求有很大关系，如何保障农产品结构有效调整和粮食稳定供给仍然是政府需要关注的问题（许经勇等，2016）。历年来，为保障农产品供给，政府往往通过改变生产环境从而影响农民生产行为，进一步实现农业产量增长的目的。在当前情况下，为解决农产品结构性短缺及供给稳定性，识别影响农产品供给的主要因素，明确这些因素对农业供给的影响路径，对农业政策制定具有重要意义。农业经济学理论提出，农业生产是自然再生产和经济再生产有机结合的过程。一方面，粮食生产受到各地区自然条件、地理位置、资源禀赋等因素的影响；另一方面，粮食生产也受到经营主体决策行为的影响，农民种植经验、资本投入、经营规模、技术水平等决定了农业产量。事实上，农产品市场化改革实施后，农民逐渐拥有农业生产选择自主权，会依据市场价格及利润导向自发调整农产品的供给结构，而供给量的变化反过来会影响农产品价格和农民收入，进一步对农民的生产经营决策产生

影响。政府如果想要调整农业生产结构，应了解在生产过程中，不同地区
的农民根据生产条件调整种植结构的情况，掌握农业政策比较关注的价
格、收益、农业基础设施等因素在农户生产决策中的重要程度，了解农民
对这些影响因素预期形式，明确在当前农业发展情况下价格支持政策等对
供给结构调整的影响，才能制定有效的农业政策，解决当前农产品结构性
短缺的问题。

　　因此，本书对粮食供给情况进行分析，剖析各省份农业生产优势、结
构变化和影响因素，在此基础上揭示各因素对不同农产品供给的影响程
度，讨论农民预期的形成方式及决策行为，探寻利润与价格对农产品供给
影响差异，衡量农业政策变化对这些因素以及农产品供给的影响程度，并
提出针对结构性调整及稳定供给问题切实有效的政策建议。期望此研究成
果将会为农业政策调整提供决策参考。

# 1.2　国内外研究综述

## 1.2.1　国外研究动态

### 1. 国际农产品供给基本情况

　　历年来，农产品供给问题一直是各国政府、学者所关注的问题，自
20 世纪 40 年代起，美国、欧洲、日本等发达国家先后实行了农业机械化
和农业现代化，促使这些国家农业生产水平不断发展，农产品供给量不断
提高，美国、加拿大、法国、澳大利亚、阿根廷等国家成为粮食出口大
国，约占世界粮食出口量的 70%。20 世纪 60 年代绿色革命也带动了亚
洲、拉丁美洲、非洲各国农业生产能力提高，印度、泰国、越南、巴西在
20 世纪 90 年代也发展为主要的农产品出口国。良种、化肥、农药、灌溉
等科技措施的应用使世界谷物总产量从 1951 年的 6.75 亿吨增长到 2016
年 25.71 亿吨。近年来，世界谷物收获面积总体上稳中有升，产量稳步增
加，价格相对于粮食危机时期有所下降，未来几年供需形式较好，总体上
供略大于需，全球贸易供应基本可以保证（Alexandratos et al.，2012；
尹靖华，2015）。

　　但是值得注意的是，在农产品消费需求及生物能源需求增加的情况

下，未来全球农产品供给还存在不确定性。未来十年全球耕地面积增加幅度有限，耕地面积增加的主要区域是南美洲、俄罗斯和撒哈拉以南非洲（Westcott et al.，2012），由于巴西政府对环境恶化的担心以及当地居民的反对，耕地面积是否增加并不确定（USDA，2011），而撒哈拉以南非洲土地退化较严重，长期可能会加剧食物短缺程度（Tenkorang et al.，2008）。一定程度上，耕地面积扩大会被城市化、工业化、土壤退化等因素造成的耕地减少所抵消（Tweeten et al.，2008）。此外，农业生产单位面积产量增速会下降，由于 20 世纪 80—90 年代，粮食价格比较稳定，各国政府和国际组织对农业研发的支出下降，杂交品种、灌溉、化肥和机械化等科技对单产增长效果已大部分释放完成，现有的高产田、转基因等新农业技术的增产能力无法与绿色革命相比（Tweeten et al.，2008；P. C. Westcott et al.，2012）。地下水位的下降及极端气候的增加也影响农产品生产，未来耕地面积增加主要是在发展中国家，而 1/5 的发展中国家都面临缺水问题，农业用水获取难度加大（Nonhebel et al.，2012），因此未来全球粮食及农产品供给仍需关注。

**2. 农产品供给影响因素分析**

总结国外学者对农业生产、农产品供给的研究文献，虽然研究方法有生产函数法、利润最大化、农产品供给反应等多种方法，但可以总结出学者普遍关注最重要的几类要素，包括土地、水、气候、劳动力和科学技术等。

（1）土地

土地资源是有限的，因此往往会面临着粮食、生物能源、自然环境三难选择，应综合考虑才能实现可持续发展（Harvey et al.，2011）。从中国 1996 年土地调查报告来看，中国土地资源利用和改革的情况并不乐观，人均耕地数量和土地质量不高，经济发展与城镇化造成耕地减少的趋势无法逆转，提高土地利用效率是保障本国及世界粮食安全的重要措施（Lin et al.，2003）。在肯尼亚，40% 的农村人口只有 5% 的土地，人口密度和农场规模成反比关系，与土地集约化经营措施成正比，也与家庭人均收入成反比（Muyanga et al.，2014）。在非洲国家中，地区人口数量增加使土地压力增大，但是土地压力增大并没有促进粮食产量增加和现代化投入的增加（Headey et al.，2014）。同时，在实践中对权利的保护不足，使土地管理对集约化和土地市场化存在制约（Deininger et al.，2014），因此应通过提高土地生产率、增加生产收入，解决贫困问题。

（2）水资源

Gerbens-Leenes 等（2004）提出粮食生长需要充足优质的水，全世界人们消耗的淡水 70% 用于农业生产，通过计算不同作物用水量的多少，指出水资源长期内并不能满足粮食需求量的增长。

（3）气候

气候是影响农作物生长的自然条件，虽然不能人为改变，但可以通过技术手段改变农作物生长环境。Hanjra 等（2010）讨论了气候变化时代水危机及粮食安全问题，其认为当今需要对增强未来的粮食安全性进行投资，积极应对气候变化、保护土地和保护水资源，采用开发和采用气候弹性品种、加强灌溉设施、提高国内食品供给等措施。Sakschewski 等（2014）认为到 2100 年，全球人口将达到 100 亿人，考虑气候变化因素下，全球粮食供需问题严峻，热带和亚热带的发展中国家粮食自给率将严重下降。

（4）劳动力

在中国，农业不但促进中国经济增长，还为非农业部门提供了大量的劳动力资源，随着劳动力价格的提高，劳动力现在已经成为农业生产成本的主要部分，运用农场数据测量中国农业增长率的全要素生产率，得出劳动力投入每年下降 4.5%～5.5%（Cao et al.，2013）。而在非洲加纳同样面临劳动力成本上升的问题，劳动力成本上升制约了劳动力密集产业的发展，与亚洲绿色革命不同的是，加纳并不是通过化肥等投入增加粮食产量。但不可否认使用机械后，化肥投入可以提高经济效益（Nin-Pratt et al.，2014）。

（5）技术

技术是提高土地利用率，增加单产及农民收入的重要手段。灌溉技术在中国农业发展与解决贫困方面起到重要的作用，这其中主要是灌溉技术的应用几乎可以提高所有农作物的产量，从而增加农民收入（Huang et al.，2006）。同时，农业技术可以加大或减轻土地管理强度的适应性

（Schneider et al.，2011）。而值得注意的是，农业产量增长并没有跟上农学研究的速度，在许多发展中国家，农民在水稻、小麦、玉米等生产过程中仍然使用低级的种植技术（George et al.，2014）。

（6）价格

国际粮食价格变化对全世界粮食供给起决定性作用，而粮食价格也由许多因素决定。粮食供需、能源和金融市场可以解释大部分粮食价格波动，其中金融投机放大了短期价格波动，原油价格也会加剧其波动（Tadesse et al.，2014），国际粮食价格的上涨影响各个国家粮食供给。粮食价格实际变动对粮食生产力可持续性也存在很大影响，Dorward 等（2013）认为应当将两者指标关系应用于政策演变和监控中，并在联合国千年发展目标中用来评价粮食可持续发展及粮食安全。

（7）农业政策研究

农业政策是全世界各国保护本国农业、增加本国人民福利、保障国内粮食安全以及调整农业结构的共有举措。Dhehibi 等（2003）对非洲国家突尼斯的居民粮食消费补贴政策进行研究，认为在低效率与不平等的压力下，逐渐减免补贴不会大幅影响粮食消费结构，而补贴主要对穷人产生影响。Robert（2010）通过对瑞士大麦、玉米、燕麦等谷物产量测量，发现1961—2006 年产量直线上升，但 20 世纪 90 年代环境友好型农业政策的引入使产量呈现平稳状态，其认为农业政策措施是农业产量的关键驱动因素。在中国，虽然单位耕地农业直补、良种补贴、机械补贴很少，但补贴率很高（Huang et al.，2013），中国未来农业政策的发展应注重对农村基础设施和人力资本的投资、释放要素市场、改变农产品市场扭曲的现象（Anderson et al.，2014），公共投资应向提高灌溉效率和农业研发方向转变，实行符合 WTO 规则的农业政策，避免引起分配不公和效率降低（Zhu，2004），同时农业政策应连续实行，注重提高农业生产效率、可持续性资源利用以及减少浪费和过度消费等（Brooks et al.，2014）。利用市场信息指导政策变化，粮食价格上涨对国家和人们的影响程度可以测算、评价政策的有效性（Benson et al.，2013）。

**3. 农业供给理论研究**

农业供给反应是指农产品产出对价格和其他相关因素的反应，国外关于农产品供给研究的起步较早。早期研究有蛛网模型和生产函数、利润函数等，这些模型都是以静态计量分析模型为主，考察各因素对农产品产出的影响。之后又演变出局部调整模型、适应性预期模型、Nelovian 模型等，为学术领域模拟现实农业生产行为提供了方法。

（1）对农民行为是否理性的争论

价格是农业生产价格反应研究的主要影响因素，早期学术界对于传统农业中农户对价格反应是否敏感存在争论。一种观点认为农民生产行为是非理性的，对价格反应并不敏感，农民种植决策时会因为规避风险而放弃高价格（Lipton et al.，1968）。Schluter（1976）对印度苏拉特农作物种植结构选择的研究结果也证明了这个观点。另一种观点认为农民生产行为是理性的，无论农民的文化程度及生产水平高低，农民在种植决策上会依据粮食价格调整（舒尔茨等，1987）。Hopper（1965）对印度北中部农场的研究支持这一观点，证明农民的生产行为是有效率的。

（2）利润函数供给反应模型

农业经济学家通常设立一个生产函数或利润函数，运用对偶理论方法估计播种面积弹性和单位面积产量弹性（Meilke et al.，1976；Morzuch et al.，1980），主要使用的函数包括超越对数生产函数、柯布—道格拉斯生产函数、里昂惕夫生产函数、标准二次生产函数等，随着应用的逐渐成熟，对偶理论成为估计价格的农业供给反应的标准方法。经济学家们在过去 30 年里争论，供应弹性必须从一个一致的理论框架中推导出来（Chambers et al.，1988；Shumway et al.，1988），这种观点倾向于使用对偶理论估计投入产出要素弹性，但也导致了估计面积和产量弹性的模型被排斥。但由于面积和产量弹性在政策制定或行业分析中十分重要，因此不断有学者探索使用利润函数计算面积和产量弹性的方法。Chambers and Just（C&J）模型为估计不同作物面积和作物产量弹性提供了一种理论一致的方法。随后，在 C&J 模型基础上 Arnade 等（2007）设计理论框架估计面积及产量反应，即使用 C&J 模型利润函数，估计每种作物面积分配的影子价格方程。影子价格方程与产出供给和投入需求方程联合估计，计算单个作物面积，计算产出价格对特定作物面积的弹性。即可以用利润函数的参数同时计算投入要素的弹性以及面积、单产弹性。这种方法被应用于世界各国粮食播种面积对价格及价格波动的响应以及农业环境政策评估等研究（Haile et al.，2011；Fezzi et al.，2011；赵玉等，2016）。

（3）动态供给反应模型及价格预期模型的提出

在传统农业生产活动中，由于种植习惯、经验等因素的作用，生产者的实际产出与理想产出之间出现差距，差距越大生产者的心理成本则越大，因此 Griliches 等（1959）提出了著名的局部调整模型（Partial Adjustment Model），模拟这两种成本对实际生产行为的影响。同时，在农民对价格的预期上，最早是由 Ezekiel 等（1938）提出的幼稚性价格预期模型，这一模型认为农民会把上一期的农产品价格作为未来价格的预期进行决策。

Nerlove 等（1956）在幼稚性价格预期模型基础上，提出 Nerlove 模型：一是农民会不断根据上一期预期价格与上一期实际价格的差异对当期预期价格进行调整；二是在没有其他因素影响的条件下，农民会由实际种植面积向理想种植面积逐步调整，Nerlove 模型是适应性预期模型与局部调整模型的结合。许多学者认为适应性预期考虑了农民的学习过程，能够更实际地模拟农户的决策行为。但 Griffiths 等（1978）使用幼稚性预期和适应性预期假设构建 8 种形式的供给模型，发现幼稚性预期在模型中表现更好。Nickell 等（1985）批评了幼稚性价格预期理论和适应性价格预期理论只关注过去，忽视了对未来价格有影响的因素。

除了幼稚性预期及适应性预期以外，Muth 等（1961）提出了理性预期，其假定预期与潜在市场结构一致，生产者会有效地应用所有可用信息预测未来价格。理论上讲，理性预期使用了所有的信息，预期的价格会更准确，但在实证上，并不能证明理性预期比 Nerlove 适应性预期更有优势（Lovell et al.，1986）。但农民如果使用理性预期，所作调查的工作量要明显大于幼稚性预期与适应性预期（Sadoulet et al.，1995）。

可见，不同的预期形式都存在优缺点，不能武断地评价不同预期模型的优劣，在评价模型时应该比较哪一种模型更适用于所研究的地域和对象。

（4）动态供给反应模型的探讨

区别于传统的 Nelove 模型，一些学者提出可以将利润代替价格建立供给反应模型。最初 Griffiths 等（1978）比较了利润与价格在供给反应模型的效果，其认为价格在模型中的表现更好。但是 Narayana 等（1981）则认为预期利润比预期价格在供给理论上更加合理。农民决策时不仅会考虑到丰年作物价格下降，也会考虑许多不确定性因素对产量的影响，由于 Narayana 在研究时生产成本和预期利润数据不可获得，因此使用预期收益代替预期利润。他的方法是首先对收益建立 ARIMA 模型进行预期，再研究各作物面积、产量对预期收益、灌溉、降雨的供给反应，得出收益在供给反应中十分重要。随后 Kanwar 等（2008）借鉴这种方法，使用预期利润研究印度七种经济作物，得出政策、降水量、化肥价格、基础设施对印度农业供给的影响程度更大的结论。

（5）农产品供给反应研究的应用

国内外学者建立了多种供给反应模型研究全世界各国农产品供给弹性，反映各因素对农产品产出的影响。其中，Nerlove 模型是应用最广泛的模型（Braulke et al.，1982）。Askari（1977）等学者对大量供给反应文献进行研究分析，总结各国家、地区中各种农产品价格供给弹性，这些动态供给反应大多以 Nerlove 的适应性预期和局部调整模型为基础，许多学者也对 Nerlove 模型进行了改进，现将有代表性的研究内容及指标选取总结如表 1-1。

表 1-1　国外农产品供给反应研究应用

| 作者 | 国家 | 作物 | 模型 | 指标 |
|---|---|---|---|---|
| Nowshirvani（1968） | 印度 | 水稻、小麦、大麦、糖料、花生 | Nerlove 模型 | 产量方差、生活费用变动 |
| Maitha（1969） | 肯尼亚 | 咖啡 | Nerlove 模型 | 价格 |
| Griffiths（1978） | 澳大利亚 | 小麦 | 适应性预期模型 | 价格、利润、时间趋势 |
| Narayana（1981） | 印度 | 大麦、小麦、棉花、玉米、花生等 21 种农产品 | Nerlove 模型 | 收益、降雨、灌溉 |
| Leaver（2003） | 津巴布韦 | 烟草 | Nerlove 模型 | 价格、降雨、时间趋势 |

（续）

| 作者 | 国家 | 作物 | 模型 | 指标 |
|---|---|---|---|---|
| Anderson（2007） | 美国 | 玉米、大豆、其他谷物、干草 | 利润函数法 | 雇用劳动力、中间投入、能源、农业资本、家庭用工 |
| Kanwar（2008） | 印度 | 花生、油菜籽、胡麻、烟草等7种经济作物 | Nerlove模型 | 利润、降水量、化肥价格、基础设施 |
| Anthony（2009） | 希腊 | 牛肉 | Nerlove模型 | 价格 |
| Anwarul（2010） | 孟加拉国 | 土豆 | Nerlove 模型、向量误差修正模型 | 价格政策 |
| Brockhaus（2015） | 中国 | 水稻、小麦、玉米 | Nerlove模型 | 灌溉、价格、化肥价格、降雨、光照、温度 |

供给反应模型被学者应用于研究水稻、小麦、玉米等粮食作物，咖啡、烟草、花生等经济作物，以及牛肉、鸡肉等畜产品供给的影响因素分析，其中 Nerlove 模型是应用较多的模型，此外还有利润函数推导的供给反应模型、局部调整模型、适应性预期模型、Wickens and Greenfield 模型等，主要考察播种面积、总产量的供给反应，也有一些学者认为，单位面积产量的研究在实际应用中更有价值，播种面积由于受到土地资源的制约调整比较困难，而单位面积产量可以通过技术、设施等应用加以提高，更加符合研究者的目的。在模型使用的指标方面，价格是应用最广泛的指标，识别价格的预期形式也是研究中重要的环节，主要预期形式有幼稚性预期、适应性预期、理性预期等。此外，利润被一些学者创新性地加入到供给反应模型中，用于代替价格，由于利润对农户行为影响更加符合经济理论中理性人的假设，因此可以深入讨论利润的供给反应模型。在模型中政策、降水量、灌溉、资本投入等因素也作为重要指标解释供给变化。

## 1.2.2 国内研究动态

### 1. 我国农产品供给情况

粮食生产能力及粮食供给是 30 多年来农业研究中关注的重点之一。

20 世纪 90 年代，工业化和城镇化进程加快，粮食供给量出现明显波动，加之 1995 年布朗在《谁来养活中国?》书中认为中国必将出现粮食短缺，进而造成世界性的粮食危机。这些言论一度使世界为之紧张，也促使我国政府、社会更加努力试图解决粮食安全问题。

（1）粮食供给量呈周期性波动

学术界对粮食供给本身的规律研究有很多，对供给量波动及原因深入分析发现，改革开放以来，我国粮食生产呈现两增一减的波动趋势，且波动频率明显加快，对粮食安全造成不利影响（李岳云等，2001）。其中，水稻产量波动系数最高，且对粮食产量波动的影响最大，小麦、玉米产量波动系数较小（赖红兵，2009）。粮食产量波动与价格波动相关，但是粮食产量波动与粮食价格波动不应混淆，实际上与其他国家比较，我国粮食产量波动性是世界上最小的国家之一（蒋乃华，1998）。在省际间，粮食生产区域呈现出由"中心"地区向"边缘"区域转移（高帆，2005），生产重心由西南向东北转移的情况（丁金梅等，2017），生产地区不平衡性特征显著，地区差异变化趋势除个别年份有小幅下降外，总体呈上升趋势（王玉斌等，2007）。

（2）粮食安全问题备受关注

2004 年之前，粮食产量波动较大，学术界对我国粮食供给情况进行讨论。一些学者比较乐观，认为粮食生产能够满足消费的需求，粮食安全状况良好。其认为中国是世界上食品最安全的发展中国家，目前不存在严重影响粮食安全的威胁，稻谷产略大于销，小麦产略小于销，中国口粮基本安全，玉米产量产大于销且呈增长趋势，玉米的进口量也在持续增长，但这也不会威胁中国的粮食安全和社会稳定。粮食消费结构日趋合理，中国粮食安全形势在短期内并不严峻，中国粮食供求基本平衡（吕新业等，2003；黄季焜等，2004；朱希刚等，2004；罗良国等，2005）。另外一些学者对粮食供给秉持谨慎的态度，其认为当前粮食市场虽然在总体上产大于销，但粮食安全是战略问题，应对 2004 年可能出现的粮食供需"拐点"保持高度重视。

2004 年以后，粮食供给情况发生变化，我国连续出台中央 1 号文件，并实行"四补贴、一奖励"、取消农业税、基本农田保护等政策，粮食产量实现"十八连丰",由 2003 年的 43 069 万吨增长到 2015 年的 62 143 万吨,我国粮食供给已由供不应求向供过于求发生转变,单位面积产量上升及农业结构调整是粮食产量增长的根本原因(王济民等,2013,朱晶等,2013)。粮食增产期间中国耕地压力指数不断下降,目前,中国不存在严重的粮食安全风险(罗翔等,2016)。

(3)粮食供给结构性矛盾凸显

粮食增产在保障国家粮食安全的同时,也形成以玉米作物为代表的农产品高产量、高进口量、高库存"三高"共存的矛盾现象,中国农业的主要矛盾已经由过去的总量不足变为结构性矛盾,而供给侧的体制机制障碍是形成这种现象的根本原因(魏后凯,2017)。2016 年起,国家发展战略和政策发生重大变化,取消玉米临时收储政策、降低稻谷最低收购价、实行"粮改饲"政策调减玉米、发展粮经饲三元结构等一系列政策标志着新的农业政策转型时期开始,农业供给侧结构性改革的根本目的是使农产品生产由市场引导(孔祥智,2016)。

**2. 我国农业政策相关研究**

改革开放初期,工业化、城镇化快速发展,农业比较收益低下使劳动力和资本流向二三产业,严重制约了农业发展。21 世纪以来,我国农业的基本政策由农业支持工业转变为工业反哺农业(程国强等,2012)。尤其是 2004 年以后,我国逐步实行农业税减免,并连续多年发布中央 1 号文件关注三农问题,出台了粮食直补、粮种补贴、农资综合补贴等农业补贴,先后实行稻谷、小麦最低收购价政策,玉米、大豆等农产品临时收储政策等支持价格政策,减轻了农民负担,增加农民收入,提高粮食产量,农业市场化改革和一系列农业措施对粮食供给有积极的促进作用(韩俊,2008)。因此,在研究粮食供给时,不仅要考虑资源禀赋和技术进步这些直接影响粮食产量的因素,还应关注制度、政策等决定粮食产量波动的重要力量(胡小平,2001)。

如何有效实施农业政策,保障农民利益及粮食供给稳定是政府最关心的问题。一些学者通过估计农业补贴政策对小麦、稻谷、玉米作物播种面积、单位产量及总产量的影响,认为农业财政补贴及农村固定资产投资等政策措施有效地提高了我国的粮食产量(陈飞等,2010),农业补贴政策对贫困地区粮食生产的正向影响最大（王欧等，2014）。然而也有学者认为农业补贴虽然可以提高农民收入，但是现有农业补贴由于是普惠性的，补贴标准不高，对农业产量的影响并不大（王姣等，2006；Huang et al.，2013）。

　　最低收购价格政策、临时收储政策等价格支持政策与农业补贴政策有所不同，其直接对农产品价格产生影响，因此对提高粮食产量、保障国家粮食的作用不言而喻，但是由于支持价格政策易造成市场扭曲及政府负担过重，应重视市场配置与国家调控有机结合（谭砚文等，2014）。农业保险、金融政策对粮食产量及农民收入的作用越来越显著，2012 年美国遭受了 50 年不遇的严重旱灾，农民收入不降反增，其原因与美国农业保险体系和农产品期货套期保值有很大关系（董婉璐等，2014）。所以，应重视农业保险和金融政策的作用。

**3. 我国农产品供给反应研究**

（1）静态供给反应模型应用

　　静态供给反应主要是指没有考虑农民种植面积决策调整因素的供给反应，本书主要指生产函数和利润函数推导后的农业供给反应。在我国，生产函数和利润函数的农产品供给反应研究起步较晚，在模型方法上的研究较少，主要是对已有的模型进行应用，研究的对象包括粮食、经济作物、油料作物、畜产品等。在利润最大化假设的基础上，选择农产品产出价格和投入价格等作为指标，研究这些因素对农民种植行为的影响（表 1 - 2）。

表 1 - 2　农产品静态供给反应研究

| 作者 | 作物 | 模型 | 方法 | 指标 |
|---|---|---|---|---|
| 羊文辉（2002） | 稻谷、小麦、玉米、谷子等9 种农作物 | 生产函数供给反应模型 | 最小二乘法（OLS） | 土地价格、种子价格、化肥价格、农药价格、畜力价格、农机价格、农电价格 |
| 李强（2007） | 小麦、玉米、大豆、油料 | 利润函数供给反应模型 | 似乎不相关估计（SUR） | 化肥数量、种子数量、农药数量、劳动力数量 |
| 展进涛（2009） | 水稻 | 生产函数供给反应模型 | 最小二乘法（OLS） | 水稻市场价格指数、水稻收购价格指数、生产资料价格指数、自然灾害、技术进步、家庭联产承包责任制虚拟变量 |

（续）

| 作者 | 作物 | 模型 | 方法 | 指标 |
|------|------|------|------|------|
| 肖红波（2010） | 生猪 | 利润函数供给反应模型 | | 生猪价格、用工价格、仔猪价格、饲料价格、资本 |
| 陈琼（2013） | 肉鸡 | 利润函数供给反应模型 | | 肉鸡价格、劳动力价格、饲料价格和雏鸡价格、资本、地区虚变量 |
| 赵玉（2016） | 粮食 | 多产出利润函数 | 固定效应模型（FE） | 粮食预期价格、油料预期价格、粮食市场风险、油料市场风险、价格协方差、化肥价格 |

（2）动态供给反应应用

动态供给反应认为农民在生产过程中可以对播种面积及产量进行调整，农产品供给是一个动态的过程。模型主要有局部调整模型、Nerlove模型和 Wickens and Greenfield 模型等，其中 Nerlove 模型是比较成熟且应用较多的模型。在我国，动态供给反应模型在近几年应用较多，几乎覆盖大部分农产品及地区，在指标选取上也比较全面。在估计过程中大部分文献使用上一期农产品价格作为预期价格，也有少部分使用其他形式估计的价格反映农民对价格的预期行为，还没有学者应用收益、利润等指标考察中国农产品的供给反应（表1-3）。

表1-3 农产品动态供给反应研究

| 作者 | 作物 | 模型 | 方法 | 指标 |
|------|------|------|------|------|
| 蒋乃华（1988） | 粮食 | 局部调整模型 | 最小二乘法（OLS） | 上一期价格、上一期生产资料价格 |
| 王秀清（1998） | 蔬菜 | Nerlove 模型 | | 预期价格、时间趋势 |
| 王济民（2000） | 大豆 | Nerlove 模型 | 非线性最小平方方法 | 大豆与玉米比价、人均耕地面积 |
| 王德文等（2001） | 水稻 | 局部调整模型和价格预期模型 | 最小二乘法（OLS）、二阶段最小二乘法（2SLS） | 预期价格、化肥价格、家庭联产责任制、灌溉面积、时间趋势、定购价格、定购数量 |

（续）

| 作者 | 作物 | 模型 | 方法 | 指标 |
|---|---|---|---|---|
| 王春晓（2005） | 棉花 | Nerlove 模型 | | 预期价格、生产成本、经营风险水平、预期比价 |
| 司伟（2006） | 甘蔗、甜菜 | Nerlove 模型、Wickens and Green-field 模型 | Panel 数据模型估计方法 | 上一期价格、经济发展水平、劳动用工价格与物资费用 |
| 董国新（2007） | 稻谷、小麦、玉米 | Nerlove 模型 | 广义最小二乘法（GLS） | 上一期价格、劳动力价格、三种粮食比价、政策、技术、风险、城镇化、自然灾害、灌溉 |
| 马文杰等（2009） | 小麦 | Nerlove 模型 | 最小二乘法（OLS） | 上一期小麦价格、生产成本 |
| 王宏等（2010） | 玉米 | Nerlove 模型 | 最小二乘法（OLS） | 上一期价格、时间趋势 |
| 陈飞（2010） | 稻谷、小麦、玉米 | Nerlove 模型 | 一阶差分GMM 估计 | 预期价格、农业支出政策、农村固定资产投资、农业税、价格风险、产业结构、施肥量、抗灾能力 |
| 邵飞（2011） | 玉米 | Nerlove 模型 | | 受灾面积、化肥施用量、上一期玉米价格、上一期小麦价格、小麦和玉米替代关系 |
| 刘俊杰等（2011） | 小麦 | Nerlove 模型 | 广义最小二乘法（GLS） | 上一期小麦价格、生产成本以及替代作物价格 |
| 范垄基（2012） | 稻谷、小麦、玉米 | Nerlove 模型 | 广义最小二乘法（GLS） | 上一期稻谷、小麦、玉米、蔬菜的出售价格，前期的灌排渠系建设里程，农业政策 |
| 张琳（2014） | 大麦 | Nerlove 模型 | 回归分析 | 上一期大麦价格、滞后一期和滞后二期大麦播种面积以及大麦—小麦价格比 |
| 王绎（2014） | 稻谷 | Nerlove 模型和生产函数模型 | 回归分析 | 上一期稻谷价格、替代作物价格、非农就业机会、补贴政策 |

(续)

| 作者 | 作物 | 模型 | 方法 | 指标 |
|------|------|------|------|------|
| 钱文荣等（2015） | 玉米 | Nerlove 模型 | 二阶段最小二乘法（2SLS） | 上一期玉米价格、生产成本、化肥投入量、有效灌溉面积、农作物比价、政策因素、技术进步、城镇化率 |
| 李先东（2015） | 棉花 | Nerlove 模型 | 最小二乘法（OLS） | 上一期棉花价格指数、生产成本 |
| 林大燕（2015） | 稻谷、小麦、玉米、大豆、油菜籽和棉花 | Nerlove 模型 | 回归分析 | 上一期价格、替代作物的上期价格以及当期生产成本 |
| 彭婵娟（2016） | 稻谷 | Nerlove 模型 | 固定效应方法 | 上一期价格、替代物小麦价格、生产资料指数 |

（3）我国农产品供给弹性

近年来，国内学者对 Nerlove 模型的应用性研究较多，现将部分研究结果汇总（表1-4），可以看出，上一期播种面积、上一期价格、替代作物价格、生产成本、政策因素是供给反应研究中比较常用的指标。其中上一期面积对当期播种面积的影响最大，对所有作物都是显著的，上一期价格在大部分研究中对作物播种面积都有显著的正影响，生产成本、替代作物价格则有显著的负影响。另外研究者根据其所关注的重点不同还会加入灌溉水平、城镇化率、风险、时间趋势等指标。

表1-4 农产品播种面积动态供给反应短期弹性

| 文献作者 | 作物 | 区间 | 上一期面积 | 上一期价格 | 生产成本 | 替代作物价格 | 政策因素 | 灌溉水平 | 技术进步 | 城镇化率 | 二三产业GDP占比 | 经营风险 |
|------|------|------|------|------|------|------|------|------|------|------|------|------|
| 钱文荣（2015） | | 1999—2012 | 0.51 | 0.11 | −0.14 | −0.14 | 0.04 | | | −0.32 | 0.39 | |
| 林大燕（2015） | 玉米 | 1978—2011 | 1.03 | 0.17 | −0.06 | −0.30 | | | | | | |
| 范垄基（2012） | | 2001—2010 | 0.82 | −0.02 | | | 0.10 | 0.01 | | | | |
| 王宏（2010） | | 1988—2006 | 0.52 | 0.13 | | | | | | | | |

（续）

| 文献作者 | 作物 | 区间 | 上一期面积 | 上一期价格 | 生产成本 | 替代作物价格 | 政策因素 | 灌溉水平 | 技术进步 | 城镇化率 | 二三产业GDP占比 | 经营风险 |
|---|---|---|---|---|---|---|---|---|---|---|---|---|
| 彭婵娟（2016） | | 2004—2014 | 0.47 | 0.09 | −0.11 | −0.34 | | | | | | |
| 林大燕（2015） | 稻谷 | 1978—2011 | 0.89 | 0.09 | −0.03 | 0.03 | | | | | | |
| 范垄基（2012） | | 2002—2010 | 0.72 | 0.23 | | −0.19 | 0.05 | −0.01 | | | | |
| 王绎（2014） | | 1978—2012 | 0.68 | 0.16 | | −0.10 | 0.02 | | | | −0.44 | |
| 林大燕（2015） | 小麦 | 1978—2011 | 0.96 | 0.06 | −0.04 | −0.02 | | | | | | |
| 范垄基（2012） | | 2002—2010 | 0.79 | 0.16 | | −0.13 | 0.04 | 0.00 | | | | |
| 马文杰（2009） | | 1981—2006 | 0.97 | 0.06 | −0.08 | | | | | | | |
| 刘俊杰（2011） | 小麦 | 1998—2008 | 0.43 | 0.14 | −0.10 | −0.11 | | | | | | |
| 张琳（2014） | | 2009—2012 | 0.86 | | | −0.26 | | | | | | |
| 林大燕（2015） | 大豆 | 1978—2011 | 0.74 | 0.22 | 0.26 | −0.42 | | | | | | |
| 林大燕（2015） | 油菜籽 | 1978—2011 | 0.88 | 0.36 | −0.14 | −0.25 | | | | | | |
| 林大燕（2015） | | 1978—2011 | 0.50 | 0.33 | 0.50 | −0.48 | | | | | | |
| 李先东（2015） | 棉花 | 1999—2013 | 0.70 | 0.48 | −0.29 | | | | | | | |
| 王春晓（2005） | | 1995—2003 | 0.91 | 0.07 | −0.02 | −1.21 | | | | | | −0.04 |

## 1.2.3　文献评述

粮食供给量一直是世界各国学者关注的问题，由于农业生产是自然再生产和经济再生产相结合的过程，因此土地、气候等自然因素以及价格、劳动力、资金、技术等人为因素对粮食供给都有重要的影响，应根据研究者研究的区域、特性不同选取最适合的指标进行研究。

根据国内外学者大多使用情况供给反应模型可以分为静态供给反应模型和动态供给反应模型。静态供给反应模型是生产函数或利润函数推导出的，动态供给反应模型主要有局部调整模型和 Nerlove 模型等。在动态供给反应模型中，对农产品价格的预期是学者们最关注的问题，主要的预期形式有幼稚性预期、适应性预期和理性预期等。现在文献大多使用幼稚性预期进行供给反应研究。不同的供给反应模型和价格预期模型都存在各自的优缺点，不能简单判定孰优孰劣，应看哪一种模型更适用于所研究的地域和内容。

近年来，国内外学者不断对传统的 Nerlove 模型进行改进，传统的 Nerlove 模型中价格是最关键的因素，但国外一些学者认为可以使用利润代替价格研究供给反应，更符合经济理论。国内大多学者往往都使用传统的 Nerlove 模型，使用价格建立供给反应，将利润引入动态供给反应模型应用于我国各品种粮食的研究并不多见，利润的供给反应模型是否比价格更加适合研究我国粮食供给反应还有待确定。

根据大多数学者的研究结论，农业政策对一国的农业发展以及粮食产量的提高有着突出的作用，对于我国来说，先后实行了粮食补贴政策以及价格支持政策，对我国粮食生产、农民收入有很大的影响。随着农业发展形势变化，农业政策也随之发生调整。

# 1.3　研究目的与拟解决的关键问题

## 1.3.1　研究目的

本研究的总体目标是通过对粮食产业总体发展情况进行分析，构建我国粮食利润函数模型和动态供给反应模型，分析农户决策时价格预期形式，比较利润与价格供给反应，衡量支持价格政策变动对我国粮食供给的影响，为我国未来农业结构调整及稳定粮食供给提供参考。

具体目标：

（1）分析我国粮食供给量变化情况，梳理粮食供给的不同发展阶段，分析播种面积、单位面积产量和总产量的波动特征，了解粮食结构及区域变动趋势，确定粮食供给的大致特征及主要研究区域。

（2）采用历年各主产省份成本收益统计数据，建立利润函数模型，在利润最大化假设下，估计农户对粮食价格和多种投入要素价格变化的供给反应程度，测算静态供给反应模型下产出的短期弹性和长期弹性。

（3）建立动态供给反应模型，识别我国农户价格预期形式，分析各影响因素对我国粮食播种面积、单位面积产量及总产量的影响。

（4）建立预期利润的供给反应模型，比较预期利润供给反应模型与预期价格供给反应模型，找出更适用于我国粮食供给反应研究的模型。

（5）研究我国农业政策对粮食供给的影响，设计农业政策调整的模拟方案估计粮食供给的变动情况。

（6）依据粮食供给反应模型结果，为农业结构调整政策制定提供参考依据。

## 1.3.2　拟解决的关键问题

本研究主要围绕各因素对我国粮食供给的影响进行分析，拟解决的关键问题如下：

（1）近年来我国粮食产量增长的动因是什么

虽然我国农业生产受到资源环境恶化、农业劳动力数量剧减、耕地质量下降等诸多不利因素制约，然而我国粮食生产却实现了"十八连丰"，近年来影响粮食生产根本动因究竟是什么值得思考。

（2）农户在粮食种植决策中如何预期价格

供给理论认为农户在种植农作物之前会预测未来价格，而预测的价格决定了农户种植面积，识别我国农户价格预期形式能更准确地预测我国粮食产量。而哪一种预期形式更符合我国农户的预期行为，是幼稚性预期、适应性预期还是理性预期？

（3）农户在种植过程中更关注利润还是价格

从经济学的角度，生产者的行为目标是利润最大化，而在供给理论中，价格的变动会引起供给量的变动。本研究就是要判断利润和价格哪一种更能反映农户的决策行为？

（4）农业政策调整对粮食产量有多大影响

农业保护政策极大地促进了粮食供给，但也造成国内外粮食价格倒挂、粮食进口量居高不下、国家财政压力巨大等一系列问题。近年来粮食产量阶段性供过于求，农业政策面临调整，政策调整会对粮食供给产生怎样的影响？

# 1.4　研究的基本框架

## 1.4.1　研究内容

根据研究目的和拟解决的关键问题，本书分为八个章节对相关问题进行研究，具体内容如下：

**1. 导论**

阐述研究的背景和意义，梳理国内外的研究进展，对粮食供给所涉及的内容包括国内外粮食供给情况、粮食供给的影响因素、粮食供给反应模型的发展、粮食供给反应模型的应用等方面开展文献综述。在此基础上，提出研究的内容、方法与技术路线，阐释可能的创新点与难点。

**2. 相关概念界定与理论基础**

对书中所涉及的概念进行界定，详细阐述研究中涉及的理论基础。

**3. 我国粮食供给情况分析**

分析我国粮食产业发展情况，首先，对我国粮食供给发展阶段进行划分，总结改革开放以来粮食总产量、播种面积及单位面积产量的波动特征；其次，对粮食各品种产业结构变化和生产区域变化进行分析，掌握粮食供给的基本情况，确定研究区域范围。

**4. 粮食静态供给反应模型：粮食利润函数供给反应模型构建**

基于对偶理论方法，设立标准化二次利润函数模型，运用粮食产出和投入要素价格面板数据，根据霍特林引理，推导粮食产出价格、投入要素价格对粮食产量和要素需求的影响程度，估计产出供给弹性、投入要素需求弹性。

**5. 粮食动态供给反应模型构建**

运用 Nerlove 模型分析播种面积、单位面积产量和总产量的供给反应，确定粮食供给影响因素，并在不同的价格预期下建立供给反应模型，识别我国农户价格预期方式。

**6. 动态供给反应模型比较：比较预期利润与预期价格**

建立预期利润的供给反应模型，比较预期利润与预期价格哪一种更适用于我国粮食供给反应研究中，并讨论利润与价格供给反应存在差异的原因。

**7. 农业政策调整对粮食供给的影响**

分析我国农业保护政策的内容，设计农业政策调整方案，模拟不同方案对我国粮食供给的影响。

**8. 结论与政策建议**

总结全书的研究结论，为促进我国农业结构调整、保障粮食稳定供给提出政策建议。

## 1.4.2　技术路线

本研究技术路线见图 1-1。

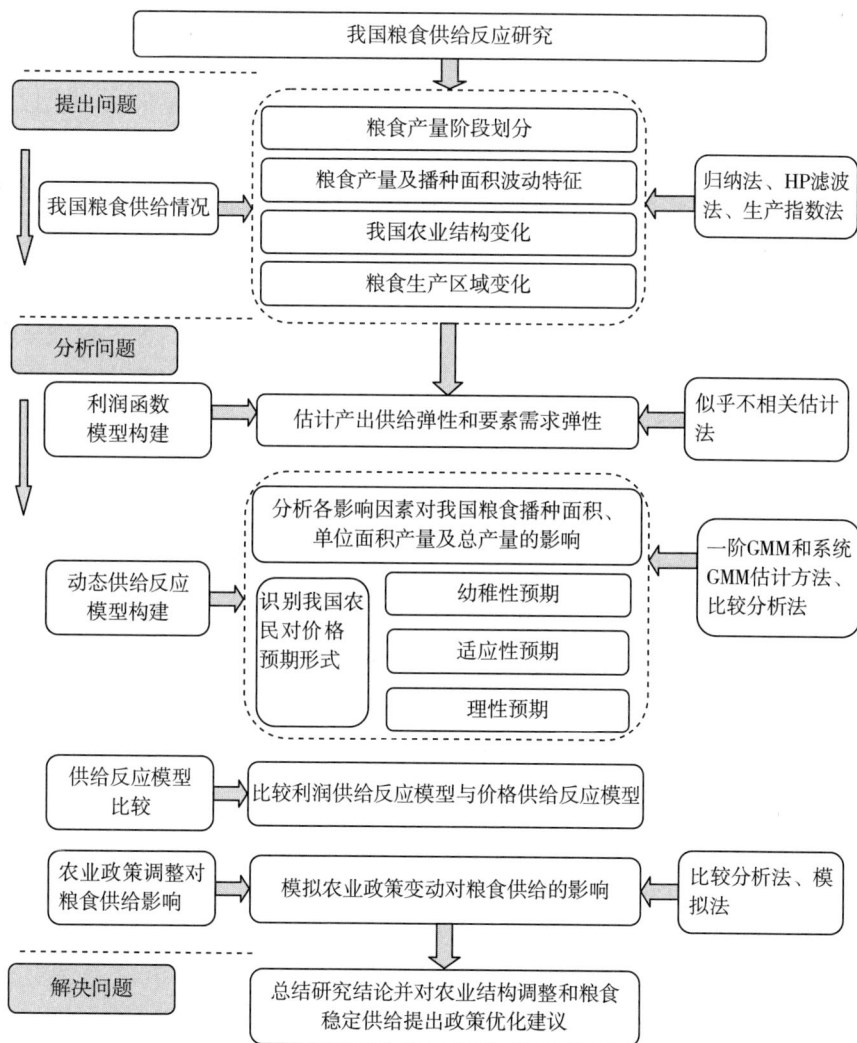

图 1-1　研究技术路线

## 1.5　研究方法和数据来源

### 1.5.1　研究方法

**1. 利润函数模型**

研究农产品供给以及农户决策行为最基础的方法即建立生产函数或利润函数。决定生产者供给有两个部分：一是特定要素投入组合和产出水平存在一定技术关系，二是给定生产者选择投入品的行为、产品和可交易要素的市场价格以及可用的固定要素。整合这两个部分可以定义利润或成本函数，获得建立给定环境下生产者利润最大化或成本最小化的产出供给或要素需求的最佳决策方法（Sadoulet et al.，1995）。根据对偶理论，利润函数满足 4 个约束，即价格齐次性、对称性、单调性和凸性时，利润函数与生产函数反映同样的技术关系（Lau et al.，1978）。构建利润函数，根据霍特林引理（Hotelling's lemma）就可推导出产出供给方程以及投入需求方程，从而可以分析产出与投入要素之间的相互作用。因此本书第四章将建立利润函数模型，对我国粮食供给反应进行研究。

**2. Nerlove 模型**

Nerlove 模型有两部分构成，一是局部调整模型，二是适应性预期模型。局部调整模型是研究农业供给反应较常用的动态供给反应模型，是指在现实生产中，由于农民决策会受到土地面积、资金以及分担风险的限制，在一个时期内，农民将某一种农作物种植面积调整到理想水平是不可能的，因此农民生产是一个调整的动态过程。适应性预期模型是指农产品生产具有时滞性，生产过程中农产品的价格是未知的，农民通常依据预期价格做出生产决策，适应性预期假定农民会根据过去对价格预期的经验对未来价格预期行为进行调整。此外，价格预期模型还有幼稚性预期模型和理性预期模型。幼稚性预期模型是假定农户利用上年的市场价格来进行生产决策，理性预期模型是指假定预期与潜在市场结构一致，具体模型形式及使用见第五章。

**3. 利润函数供给反应模型似不相关估计方法**

在利润函数模型参数估计时，由于估计多个方程，且方程扰动项之间存在相关性，因此我们采用似不相关估计方法。假设共有 $n$ 个方程，每个方程有 $T$ 个观测值，$T>n$。第 $n$ 个方程有 $K_i$ 个解释变量，方程形式为：

$$\underset{T\times 1}{\boldsymbol{y}_i} = \underset{T\times K_i}{\boldsymbol{X}_i}\ \underset{K_i\times 1}{\boldsymbol{\beta}_i} + \underset{T\times 1}{\boldsymbol{\varepsilon}_i} \tag{1-1}$$

其中 $i=1,\ 2,\ \cdots,\ n$，在估计多方程系统时，将所有方程放在一起：

$$E(\varepsilon_{it}\varepsilon_{js}) = \begin{cases} \sigma_{ii}, & t=s \\ 0, & t\neq s \end{cases}$$

$$\boldsymbol{y} = \begin{bmatrix} y_1 \\ y_2 \\ \vdots \\ y_n \end{bmatrix} = \begin{bmatrix} X_1 & 0 & \cdots & 0 \\ 0 & X_2 & \cdots & 0 \\ \vdots & \vdots & & \vdots \\ 0 & 0 & \cdots & X_n \end{bmatrix} \begin{bmatrix} \beta_1 \\ \beta_2 \\ \vdots \\ \beta_n \end{bmatrix} + \begin{bmatrix} \varepsilon_1 \\ \varepsilon_2 \\ \vdots \\ \varepsilon_n \end{bmatrix} = \boldsymbol{X\beta} + \boldsymbol{\varepsilon} \tag{1-2}$$

假设同一方程扰动项不存在自相关 $E(\varepsilon_i\varepsilon_i') = \sigma_{ii}I_T$，不同方程扰动项存在同期相关 $E(\varepsilon_{it}\varepsilon_{js}) = \begin{cases} \sigma_{ii}, & t=s \\ 0, & t\neq s \end{cases}$，建立方程系统的协方差矩阵，使用克罗内克尔乘积（Kronecker product），分离同期协方差矩阵及共同因子：

$$\boldsymbol{\Omega} = \begin{bmatrix} \sigma_{11} & \sigma_{12} & \cdots & \sigma_{1n} \\ \sigma_{21} & \sigma_{22} & \cdots & \sigma_{2n} \\ \vdots & \vdots & & \vdots \\ \sigma_{i1} & \sigma_{i2} & \cdots & \sigma_{in} \end{bmatrix} \otimes \boldsymbol{I}_T = \sum \otimes \boldsymbol{I}_T \tag{1-3}$$

当各方程的扰动项互不相关或各方程解释变量完全相同时，可以使用单一方程 OLS 估计 VAR。当方程之间扰动项相关性越大，GLS 方法的效率改进越大。由于扰动项的协方差矩阵 $\boldsymbol{\Omega}$ 是未知的，首先需要估计扰动项的协方差矩阵 $\hat{\boldsymbol{\Omega}}$，然后进行 FGLS 估计。即首先使用单一方程 OLS 的残差一致地估计方程之间协方差 $\sigma_{ij}$，将其带入扰动项的协方差矩阵中，然后对系数进行估计 $\hat{\boldsymbol{\beta}}_{SUR} = (\boldsymbol{X}'\hat{\Omega}^{-1}\boldsymbol{X})^{-1}\boldsymbol{X}'\hat{\Omega}^{-1}\boldsymbol{y}$，需不断迭代直至系数估计值收敛为止。

**4. 动态供给反应模型选取工具变量方法讨论**

在估计动态供给反应模型参数时，需选用合适的估计方法才能保证估计参数的有效性，现将主要应用的几种方法讨论如下。

假设农民在决策种植面积时会受到上一期种植面积的影响，模型形式为：

$$y_{it} = \alpha_0 y_{i(t-1)} + \alpha_1 x_{it} + \alpha_2 w_{it} + u_i + e_{it} \qquad (1-4)$$

公式中假设截面间是独立分布的，不存在相关性，并且个体效应与干扰项相互独立。其中 $y_{it}$ 为被解释变量，$y_{i(t-1)}$ 是被解释变量的滞后项，也是内生变量，在部分模型中还会包含更多的滞后项，即当一个冲击发生时，不但会影响当前值也会影响随后的值。$x_{it}$ 为外生变量，即与干扰项不相关。$w_{it}$ 为先决变量，即本期变量与前期干扰项相关，但与当期和未来干扰项不相关，也就是说当一个冲击发生，不会影响当期值，但会对下一期或随后期产生影响。$u_i$ 是个体效应，可以是固定效应也可以是随机效应，通过差分的方式可以去掉。$e_{it}$ 为干扰项。由于模型中加入了滞后一期，会产生内生性问题。假设 $u_i$ 为随机效应，根据上述公式，显然 $y_{i(t-1)}$ 与个体效应 $u_i$ 存在相关性，即 $Corr(y_{i(t-1)}, u_i) \neq 0$。假设 $u_i$ 为个体效应，不论使用一阶差分还是组内去心方法，仍存在内生性问题。因此学者不断想办法解决这个问题，受到广泛认同的处理方法是选择合适的工具变量，主要方法有以下几种。

（1）一阶差分 IV 估计

一阶差分 IV 估计（Anderson and Hisao，1982），是在一阶差分去除个体效应的基础上，使用 $y$ 的三阶及以上滞后项作为 $t-1$ 期差分项 $Dy_{i(t-1)}$ 的工具变量，同时，$Dy_{i(t-2)}$ 也可以作为 $Dy_{i(t-1)}$ 的工具变量。对于一阶差分方程 $Dy_{i(t-1)} = y_{i(t-1)} - y_{i(t-2)}$，干扰项一阶差分为 $De_{it} = e_{it} - e_{i(t-1)}$，由于 $y_{i(t-3)}$ 与 $Dy_{i(t-1)}$ 相关，但是与 $De_{it}$ 不相关，可以作为工具变量。但这个方法在近几年已经很少使用。

（2）一阶差分 GMM 估计

Arellano 和 Bond（1991）提出一阶差分 GMM 估计，一阶差分 GMM 估计是在 IV 估计的基础上，增加了更多的工具变量。模型设定为与上文相似：$y_{it} = \alpha_0 y_{i(t-1)} + \alpha_1 x_{it} + \alpha_2 w_{it} + u_i + v_{it}$。假设干扰项 $v_{it}$ 不存在序列相关。依据 L. Hansen（1982）提出的广义矩估计方法（GMM），设定矩条件为干扰项与选择的工具变量不相关。对于 $t$ 时间，滞后二阶以上的内生变量可以作为差分方程的工具变量，外生变量自身可以作为自身的工具变量，由于当期干扰项不影响当期先决变量，而会影响下一期变量值，因此滞后一阶以上的先决变量也可以作为差分方程的工具变量，形成工具变量矩阵。构造干扰项与工具变量矩阵乘积的期望等于 0 的矩条件，解决内生性问题。为了检查模型是否满足原假设，需要进行干扰项序列相关检验，即一阶差分估计量要求原始模型的干扰项不存在序列相关。差分后的干扰项存在一阶序列相关（AR（1）＜0.1）是没关系的，但残差二阶滞后项必须不存在序列相关（AR（2）大于 0.1）。如果存在二阶相关，则意味着选取的工具变量不合理（Arellano and Bond，1991）。这个方法也具有局限性，当被解释变量表现出很强的序列相关以及个体效应波动比常规干扰项波动大很多时，会存在弱工具变量的情况。

（3）系统 GMM 估计

为寻找更合适的工具变量，学者提出另一种方法即系统广义矩估计法，该方法由 Arellano 和 Bover 在 1995 年提出，并由 Blundell 和 Bond 在 1998 年发展，其与一阶差分 GMM 估计的区别是差分 GMM 估计量采用水平值的滞后项作为差分变量的工具变量，而系统 GMM 估计增加了差分变量的滞后项作为水平值的工具变量，估计过程同时使用水平方程和差分方程，在一定程度上解决了弱工具变量的问题。系统 GMM 估计不但包括水平方程（level equation）$y_{it}=\alpha_0 y_{i(t-1)}+\alpha_1 x_{it}+u_i+v_{it}$，使用 $y$ 滞后两阶的差分项 $Dy_{i(t-2)}$ 作为 $y$ 滞后项 $y_{i(t-1)}$ 的工具变量，也包括差分方程（difference equation）$Dy_{it}=\alpha_0 Dy_{i(t-1)}+\alpha_1 Dx_{it}+Dv_{it}$，使用 $y$ 的滞后三阶 $y_{i(t-3)}$ 及以上的滞后项作为 $Dy_{i(t-1)}$ 的工具变量。在估计过程中，为了检验工具变量外生性，也需要做两阶段自相关检验、Sargan 检验以及 Hansen 检验。两阶段自相关检验与一阶差分 GMM 估计相同，Sargan 检验和 Hansen 检验是工具变量过度识别的检定，当 $P>0.05$ 时，不能拒绝原假设，认为工具变量选择合理。大多数学者使用 Roodman（2009）的程序进行模型实现，并使用 Windmeijer（2005）纠偏估计量计算标准误。

（4）纠偏的虚拟变量二乘法（LSDVC）

前面三种方法适用于同期观测样本大、时间序列较短的情况。对于时间相对较长而观测样本小的情况，则采用纠偏的虚拟变量二乘法（LSD-

VC），模型设定与前几个方法相似，$y_{it} = \alpha_0 y_{i(t-1)} + \alpha_1 x_{it} + u_i + e_{it}$，其中 $x_{it}$ 是严格外生的，不能包含先决变量和内生变量，个体效应 $u_i$ 和干扰项 $e_{it}$ 相互独立。Kiviet（1999）认为，在样本量较小的情况下，采用纠偏的虚拟变量二乘法可以纠正 90% 以上的偏误，Bruno（2005）提出了非平等面板的纠偏方法，但是如果解释变量并不是严格外生的，还是要采用 GMM 估计（Bruno et al.，2005）。

一阶差分 GMM 估计（Arellano and Bond，1991）在文献中是使用最广泛的一种方法，系统 GMM 估计是在一阶差分 GMM 估计使用水平值滞后项作为差分变量的工具变量的基础上，进一步采用差分变量的滞后项作为水平值的工具变量，并在估计过程中同时使用水平方程和差分方程。本书在动态面板模型参数估计时发现，对本研究的内容一阶差分 GMM 估计方法更适合，因此在第五章不同价格预期形式下的动态面板模型构建和第六章预期利润与预期价格动态供给反应模型估计时主要采用了一阶差分 GMM 估计方法，在第六章预期利润与预期价格动态供给反应模型对比时分别采用了一阶差分 GMM 估计和系统 GMM 估计两种方法。

## 1.5.2　数据来源

（1）本书所使用数据主要来自公开出版发行的年鉴、统计报告等。主要包括国家统计局的《中国统计年鉴》《新中国农业 60 年统计数据》《中国农村统计年鉴》；国家计委编制的《全国农产品成本收益资料汇编》，统计数据包括播种面积、单位面积产量、农产品价格、净利润、有效灌溉面积、化肥价格、种子价格、劳动力价格、受灾面积等。

（2）气象数据主要来源于中国气象科学数据共享服务网，统计数据包括降水量、温度。

（3）水稻、小麦、玉米、大豆国际价格、中国粮食库存量、进口量等数据来源于美国农业部 USDA 数据库、国际货币基金组织等。

（4）水稻、小麦、玉米、大豆最低收购价、临时收储价格数据来源于国家发改委网站公布资料。

本研究数据名称及来源见表 1-5。

表 1-5　数据名称及来源

| 数据名称 | 时间 | 频度 | 地区 | 作物品种 | 数据来源 |
|---|---|---|---|---|---|
| 播种面积、总产量、单位面积产量 | 1978—2016 | 年 | 中国 31 个省份 | 水稻、小麦、玉米、大豆、花生、油菜籽、棉花、烤烟、甘蔗、甜菜 | 《中国统计年鉴》《中国农村统计年鉴》《新中国农业60年统计资料》 |
| 灌溉面积、受灾面积、生产资料价格指数、人均 GDP | 1978—2016 | 年 | 中国 31 个省份 | 无 | 《中国统计年鉴》《中国农村统计年鉴》《新中国农业60年统计资料》 |
| 价格、利润、每亩化肥使用量、每亩种子使用量、每亩化肥金额、每亩种子金额、劳动力价格 | 1979—2016 | 年 | 中国粮食主产省份 | 早籼稻、中籼稻、晚籼稻、粳稻、小麦、玉米、大豆、花生、油菜籽、棉花、烤烟、甘蔗、甜菜 | 《全国农产品成本收益资料汇编》 |
| 降水量、气温 | 1978—2016 | 月 | 中国 31 个省份 | 无 | 中国气象科学数据共享服务网 |
| 国际价格 | 2000—2016 | 月 | 世界 | 水稻、小麦、玉米、大豆 | 国际货币基金组织 IMF 数据库 |
| 进口量、库存量 | 2000—2016 | 年 | 中国 | 水稻、小麦、玉米、大豆 | 美国农业部 USDA 数据库 |
| 最低收购价、临时收储价 | 2004—2016 | 年 | 政策实施省份 | 早籼稻、中籼稻、晚籼稻、粳稻、白小麦、红小麦、混合麦、玉米、大豆 | 国家发改委网站公布资料 |

# 1.6　主要创新点与不足

## 1.6.1　主要创新点

（1）在粮食供给反应研究中对符合我国农民价格预期形式的比较研究较少，本书建立粮食供给反应模型，讨论不同价格预期形式下模型拟合效果，讨论哪一种形式更适用于我国农民的现实决策，具有一定创新性。

（2）一些学者提出可以使用利润代替价格作为供给反应模型的变量，在我国还未有学者对我国粮食供给情况进行验证。本书将利润引入供给反应模型中，对比利润与价格模型结果的区别，讨论哪一种模型更适用于我国农产品供给反应研究。

（3）在我国农作物供给反应模型中，一般学者会单纯在所研究的范围内使用一种作物或两种作物作为替代作物，而本书通过调研，对不同地区粮食作物根据种植时间、区域条件等因素选取不同替代作物，尽可能反映农民决策的实际情况。

## 1.6.2 不足

由于动态供给反应研究需要连续追踪调研数据，截面调研数据并不适用于本研究，因此本书选用国家统计调查数据开展研究。因为没有农户调查追踪数据，没有在微观层面对研究结论进行验证，可能对结论的可靠性有一定影响。

# 第2章 相关概念与理论基础

## 2.1 相关概念

### 2.1.1 粮食

粮食是人类生存的基本能量来源，主要是指食品中的植物种子，可以为人类成长、发育和维持生命提供所需能量和营养，粮食组成成分主要有碳水化合物、膳食纤维、蛋白质、脂肪、维生素和矿物质等。

粮食的定义在不同国家内容均不相同。联合国粮食及农业组织定义的粮食主要指谷物，包括稻谷、麦类、豆类、粗粮等。我国古时，粮食是指可供食用的谷物、豆类和薯类，主要包括小麦、大麦、青稞、黑麦、燕麦等麦类；粳稻、籼稻、糯稻等稻类；玉米、高粱、荞麦、谷子、糜子等粗粮类，大豆、小麦、绿豆等豆类；以及木薯、红薯、白薯、马铃薯等薯类等。一般狭义的粮食主要指谷物。1994年粮食被定义为五大类，即小麦、大米、玉米、大豆及其他粮食，其他粮食指薯类、其他谷类及杂豆（彭婵娟，2016）。

本书研究的粮食是指我国主要粮食作物稻谷、小麦、玉米和大豆。在我国，一般来说本国生产的大豆一般划分为粮食作物，而进口大豆一般划分为油料作物，由于本书主要研究粮食生产内容，因此将大豆划入粮食作物范畴。而在后文可以观察到大豆的研究结果一般介于粮食作物与油料作物之间，与现实情况相符。油料作物指花生和油菜籽，而棉花、烤烟、甘蔗、甜菜都划分到经济作物里。

### 2.1.2 价格

价格是价值的货币表现形式，是商品、服务等内在价值的外在体现，由供给与需求之间的互相作用而产生（Bamford et al.，2014）。

在我国，粮食价格依据国家管理程度的不同分为政策价格和市场价格。在经历了一系列历史演变后，粮食价格主要形式有：统购价格、超购价格、定购价格、议购议销价格、粮食保护价格、最低收购价格、生产者价格、国内市场价格、国际市场价格等（图2-1）。

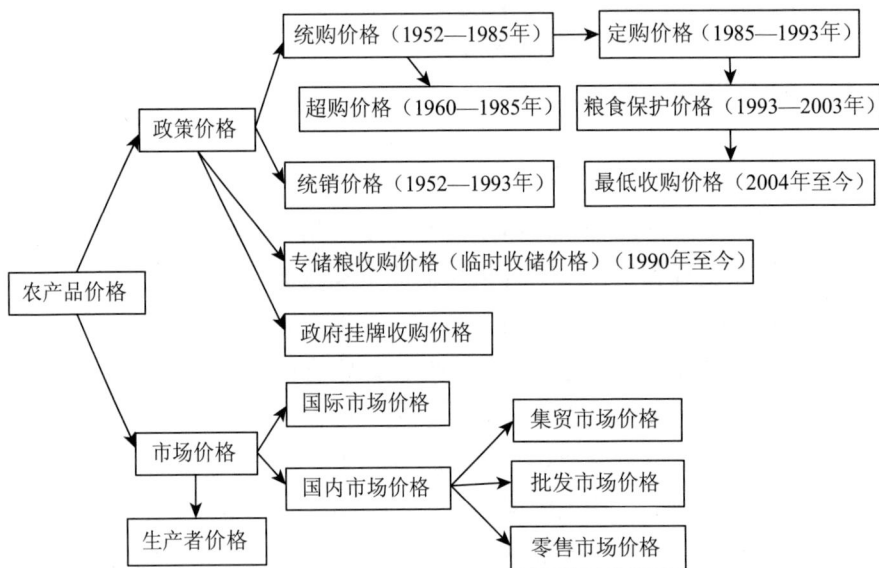

图2-1　农产品价格分类

### 1. 政策价格

政策价格是指政府部门制定的不随市场供求关系变化的粮食价格，政策价格主要针对重要农产品，包括水稻、小麦、玉米、大豆、油菜籽、棉花等。根据不同历史时期演变，政策价格主要包括统购价格、统销价格、超购价格、专储粮收购价格、政府挂牌收购价格和定购价格、收购保护价格、粮食保护价格等。

目前比较重要的政策价格有临时收储价格和粮食最低收购价格。其目的是保护农民农业生产利益，制定依据是在保证农民种粮成本的基础上保有一定的收益。临时收储价格主要针对玉米、大豆、油菜籽、棉花等作物，但随着国内粮食产量、库存的增加已相继取消。最低收购价格主要有稻谷最低收购价格和小麦最低收购价格，近两年已有下降调整趋势。这些支持价格政策对促进我国粮食生产起重要作用。

**2. 市场价格**

市场价格主要包括国际市场价格和国内市场价格。国际市场价格主要指边境价格，学术界在研究粮食时主要采用比较大的交易口岸或交易所价格，来源于 FAO、USDA、IMF 等价格数据库，主要有美国墨西哥湾冬小麦、黄玉米离岸价、曼谷稻米离岸价、美国芝加哥交易所大豆期货价格等。国内市场价格主要指自由贸易形成的价格，包括集贸市场价格、批发市场价格、零售市场价格。

**3. 生产者价格**

生产者价格是农产品进入市场第一环节的价格，在整个流通领域占有十分重要的地位。首先，生产者价格会直接影响农民收入，从而影响农民生产决策行为，对促进农业的发展和结构调整具有重要的意义；其次，生产者价格对消费者、农产品加工企业、畜牧企业等都有决定作用。

本书涉及的价格包括稻谷、小麦、玉米、大豆及替代作物价格，种子、化肥、劳动力等生产资料价格等。具体来说在利润函数模型和动态供给反应模型中，粮食价格使用的是生产者价格，主要原因是生产者价格可以直接影响农民的生产决策行为。支持价格政策调整模拟模型中使用的价格为政策价格中的生产者价格和最低收购价格。

## 2.1.3　利润

利润通常是指企业经营效果的综合反映，是企业盈利的表现形式。通常包括毛利润、净利润、营业利润等。毛利润是商品实现的不含税收入剔除其不含税成本的差额，因为增值税是价税分开的，所以特别强调的是不含税，现有进销存系统中叫税后毛利。计算的基本公式是：毛利率＝（不含税售价－不含税进价）÷不含税售价×100%。净利润指毛利润减掉所有的费用及税额所剩下的利润。

本书利润指的是农民生产每亩净利润，其计算公式为：

净利润＝每亩产值－每亩总成本－税金

其中：每亩产值＝主产品产值＋副产品产值

主产品产值＝主产品产值×主产品出售价格

每亩总成本＝生产成本＋土地成本

生产成本＝物质与服务费用＋人工成本

物质与服务费用＝直接生产费用＋间接生产费用

直接生产费用＝种子费＋农家肥费＋化肥费＋农膜费＋农药费＋畜力费＋租赁作业费＋燃料动力费＋技术服务费＋工具材料费＋修理维护费＋其他直接费用

间接生产费用＝固定资产折旧＋保险费＋管理费＋财务费＋销售费

人工成本＝家庭用工折价＋雇工费用

家庭用工折价＝家庭用工天数×劳动日工价

雇工费用＝雇工天数×雇工工价

税金：2004 年之前计算农业税，2004 年后取消农业税，净利润计算公式为：净利润＝每亩产值－每亩总成本。

在理性的经济人假设下，在农业生产中，农民作为农业生产经营主体会受到利润最大化目标的驱动下，选择种植利润较高的农作物，同时，农业生产利润的变化也会影响农民对农作物投入的决策，因此利润在生产函数和供给反应函数中都有重要意义。

## 2.1.4　农户行为决策

农户行为是指农户在农业生产和生活中进行的行为决策。一般可以分为生产行为和消费行为。生产行为包括对经营投入行为、资源利用行为、种植选择行为、技术应用行为。农户行为决策是在家庭收益最大化或消费最大化的原则下，在既定资源条件和市场经济下，对生产、消费等方面的行为选择。学术界对农户生产行为决策一直有理性与非理性之争。一些学者认为农户不会对产品价格等因素变化产生反应，会为了规避风险而放弃高价格。另一些学者认为农户与企业一样，会以利润最大化为原则，当产品价格上升时，农户会在现有条件约束下实现生产最大化。

## 2.1.5　农业供给反应

农业供给反应是了解价格杠杆对农产品发挥作用机制的基础研究理

论，反映农产品的产出对价格和其他影响因素变化的反应。农业产出会随着产品价格和投入品价格的变化发生数量、结构、规模的调整，以实现利润最大化。随着研究的不断深入，衡量农业供给反应的方法不断发展，可以分为以生产函数、利润函数为代表的静态农业供给反应研究方法与以局部调整模型和 Nelove 模型为代表的动态农业供给反应研究方法。静态供给反应指农户是市场价格的接受者，为实现利润最大化，农户会根据接受的价格决定供给量。动态供给反应指农户在外部生产环境的条件下，会在实际生产状态与理想生产状态之间进行调整，由于资金、耕地的限制不能一步调整到理想的生产状态，是一个逐渐动态调整的过程。农业供给反应研究可以衡量价格及其他因素变化对供给量的影响程度。

## 2.2　理论基础

### 2.2.1　行为经济学理论

在传统经济学中，人为"理性人"，人的经济行为是理性的、自利的、具有完全信息的，其经济行为遵循效用最大化和成本最小化假设。在行为经济学中，修正了"理性人"假设，其认为人具有社会性、组织性，其将经济运行规律、心理学与传统经济理论相结合，根据现实人的特点分析人的行为和动机，即研究人非理性行为的经济学（刘清娟等，2012）。

在 20 世纪 50 年代，冯·诺依曼（Von Neumann）和摩根斯坦（Morgenstern）提出期望效用函数理论，其描述了"理性人"在风险条件下的决策行为，但其未考虑现实生活中个体偏好、主观概率等作用。丹尼尔·卡内曼（Daniel Kahneman）和阿莫斯·特维尔斯基（Amos Tversky）在此基础上在 1979 年提出预期理论（Prospect Theory），在不同风险条件下预测人们的行为，并提出确定效应、反射效应、损失规避、参照依赖等行为现象，卡内曼也因为将心理学研究结合到经济学中而获得了 2002 年的诺贝尔经济学奖。随着行为经济学研究的深入，累积预期理论、等级依赖效用理论等解释更多人们经济行为的理论不断提出，推动行为经济学的发展。

在行为经济学中，人的行为是有限理性的。在决策过程中，会根据面临风险条件不同产生不同决策结果。有限理性会导致决策结果的随机性，增添经济现象的复杂性。

## 2.2.2 农户行为理论

在行为经济学的基础上，农户行为理论从经济学的角度对农户生产现实行为进行解释和预测，农户行为是在农户利润最大化目标与有限资源约束下的生产选择行为，是农户在农业生产中对投入要素和已有固定要素分配的选择决策。一方面，农户行为受到主观条件的约束，农户的文化程度、生产偏好、种植经验、发展需求等主观意识决定了农户行为；另一方面农户行为决策也会受到地理位置、自然资源条件、市场因素、技术应用以及政策因素等外部环境的影响。国内外学者对农户行为决策中农户对价格的反应比较关注，一些学者认为农户生产行为决策是非理性的，以Lipton（1968）为主要代表。而以舒尔茨（1964）为代表的学者认为农户生产是理性的。在理性农户行为研究中主要可以分为三个流派：①理性小农流派，主要代表人物舒尔茨，认为农户为"经济人"，生产决策行为目标为追求利润最大化；②组织生产流派，主要代表人物恰亚诺夫，认为农户追求的不是利润最大化而是风险最小化，主要为了满足家庭消费；③历史流派，主要代表人物黄宗智，认为农民既不完全追求利润最大化，也不是完全追求风险最小化，而是由于受到生产的制约，农民无法从农业生产中脱离，是受剥削的耕种者。本书主要研究基于农户"理性"行为假设基础上，假定农民对未来价格预期符合一定规律，并对生产行为有很大的影响。

## 2.2.3 均衡理论

由于农产品生产的性质，农产品市场可以近似看作完全竞争市场，农产品供给和需求相互作用共同决定农产品的市场价格，同时农产品价格也会影响到需求和供给。在某一特定价格下，市场上农产品供给量与需求量相等，即达到供求均衡，此时的价格称为均衡价格，数量被称为均衡数量。

对一般的农产品来说，需求量与价格呈现反方向变化，价格升高，需求量下降，价格下降，需求量上升，因此需求曲线为一条向右下方倾斜的曲线。影响农产品需求量的因素除自身价格外，还包括消费者偏好、人口数量、收入水平、替代产品价格等。同时需求量变化会影响价格的变动，在供给不变的情况下，需求量增加会导致农产品价格上升。

农产品供给是指一定时期内，在一定价格水平下市场上提供出售的农产品的数量。一般情况下，农产品供给量与价格同方向变化，当价格上升时供给量增加，价格下降时供给量下降，因此供给曲线是一条向右上方倾斜的曲线。影响供给量的因素有商品自身价格、替代品价格、生产成本、气候、政策等。与需求理论相似，农产品供给也会影响农产品价格，在需求不变的情况下，农产品供给量增加将导致价格下降。

当农产品供给量等于需求量时达到农产品市场均衡，可以在有些情况下计算均衡价格与均衡数量。供给曲线、需求曲线的变动也会引起均衡价格和均衡数量的变动，主要有三种情况：①需求不变，供给变动，即当需求曲线不变，当供给增加时，均衡价格会下降，均衡数量会增加；②供给不变，需求变动，即当供给曲线不变，需求增加时，均衡价格会上升，均衡数量会下降；③需求与供给同时变动，即当供给和需求同时发生变动时，均衡价格、均衡产量的变动情况需根据供给、需求曲线变动的方向和程度判断。

本书在理性预期部分运用供需均衡理论，将影响需求量的农产品价格、收入以及影响供给量的生产资料价格、自然条件、技术、政策等因素构建局部均衡模型，计算理性预期条件下的预期价格，从而估计供给反应模型。

## 2.2.4　农产品供给理论

**1. 弹性理论**

在经济学中，弹性是指在函数关系中自变量变动时，因变量相应变动的灵敏度，弹性的表达式为：

$$E=\frac{\Delta Y/Y}{\Delta X/X} \quad\quad (2-1)$$

弹性分为供给弹性和需求弹性。需求弹性包括需求的价格弹性、需求的收入弹性、需求的交叉弹性。供给弹性也包括供给价格弹性、供给的交叉价格弹性。本书主要研究农产品供给时各因素变化对供给量变化的影响程度。

以价格为例，当市场价格发生变动时，农产品供给量变动率对价格变动率的比即为农产品供给价格弹性：

$$e_s = \frac{\Delta Q/Q}{\Delta P/P} = \frac{\Delta Q}{\Delta P} \cdot \frac{P}{Q} \qquad (2-2)$$

本书假设农产品供给量和自身价格是同方向变动的。当供给价格弹性 $e_s=0$ 时，表示农产品完全无弹性。当供给价格弹性 $e_s=\infty$ 时，表示农产品完全弹性；供给价格弹性 $1<e_s<\infty$ 时，表示农产品富有弹性；供给价格弹性 $0<e_s<1$ 时，表示农产品缺乏弹性；供给价格弹性 $e_s=1$ 时，表示农产品单一弹性，即价格变动1%，供给量也变动1%。

除自身价格弹性外，本书还计算各粮食品种交叉价格弹性、生产资料价格弹性以及其他影响因素弹性，可以反映各因素对农产品供给的影响。

**2. 蛛网理论**

在均衡理论的基础上，蛛网理论引入时间因素，考虑滞后一期的价格等因素对当期供给量的影响，是早期的动态均衡模型。由于农产品生产存在周期性，当价格变化时，农户不能在短时间内改变供给量，只能在下一时期对供给量进行调整。蛛网模型可以分为收敛型蛛网、发散型蛛网和封闭型蛛网，蛛网类型取决于农产品的供给价格弹性和需求价格弹性。当供给弹性小于需求弹性，价格与产量的波动变小，并向均衡点靠近为收敛型蛛网；当供给弹性大于需求弹性，价格与产量的波动变大，离均衡点越来越远时为发散性蛛网；当供给弹性等于需求弹性，离均衡点距离不变时为封闭型蛛网。

**3. 供给理论**

农产品供给指农产品生产经营者在一定时间内、在一定价格条件下愿意并可能出售的农产品的数量。在其他条件不变的情况下，农产品供给量与价格之间呈同方向变化，农产品供给量会随着自身价格的上升而增加，随着自身价格的下降而减少。由于供给定理提供供给量与价格的关系，为政策制定者和市场管理者提供一条思路，可以通过提高农产品的价格，调动农业生产者的积极性，增加农产品的供给。

农业供给反应是指农业产出对价格和其他影响因素变化的反应。农业供给反应情况在衡量时有静态与动态之分。静态供给反应指农户是市场价格的接受者，价格决定供给量，以生产函数和利润函数为依据。动态供给反应指农户会根据实际生产状态与理想生产状态之间差异进行调整，是一个动态的过程，通过对农业产出品种、数量、结构的调整实现利润最大化。

在供给函数中，将影响农产品供给的因素作为自变量，把农产品供给量作为因变量，可以表示为：

$$S=f(a_1,\ a_2,\ \cdots,\ a_n) \qquad (2-3)$$

式中 $S$ 表示农产品供给量，$a_1$，$a_2$，$\cdots$，$a_n$ 表示影响农产品供给的因素，供给函数可以反映影响因素与供给量之间的关系，假定其他影响因素不变，只考虑价格影响因素，可以将供给函数简化为：

$$S=f(p) \qquad (2-4)$$

本书在研究农业供给反应时，考虑了静态供给反应和动态供给反应两种情况，并认为农民生产行为受自然环境、市场环境、风险、技术、政策等人为因素和非人为因素影响，计算各要素供给反应弹性，反映各品种粮食供给量对价格、利润及各影响因素调整的速度和幅度。

# 第 3 章　我国粮食供给情况分析

　　我国是一个人口大国，全国总人口约占世界人口总和的 21%，但耕地面积仅占世界现有耕地面积的 7%，人均耕地面积仅为 1.36 亩，不足世界人均耕地面积的 40%。由于粮食是人们生存必需的能量来源，而我国农业资源相对匮乏，在我国各个历史时期粮食安全问题均受到广泛关注。保证粮食稳定供给不仅是维护我国经济社会稳定的基础，也决定了世界范围内的粮食安全状况。随着技术的进步及农业政策的实施，粮食供给情况发生了巨大的变化，近年来，我国粮食产量不断增长，粮食供给总量满足国内需求已不成问题。我国已由粮食供不应求转变为结构性、阶段性供过于求。2015 年《关于进一步调整优化农业结构的指导意见》拉开了农业结构调整的序幕，2016 年起国家取消玉米收储制度，降低稻谷最低收购价格，调减镰刀弯地区玉米播种面积，增加经济作物和饲料作物的种植，鼓励优化农产品供给结构和生产方式，我国农业迈入一个新发展的时期。然而，在农业发展转型下，农业结构调整必然会引起粮食供给量的下降，20 世纪 90 年代农业结构调整大幅度调减粮食播种面积，与之后出现的粮食产量供不应求有直接关系，因此如何在保障粮食稳定供给的情况下实现农业结构优化是需要关注的问题。

　　本章主要分析粮食发展阶段、供给规律、粮食供给量变动特征、粮食品种结构变化及主产区变化情况，可以更加深入了解我国粮食供给的特性，为保障粮食稳定供给和实现农业结构调整提供依据。

## 3.1　我国粮食产量发展阶段划分

### 3.1.1　改革开放初期家庭联产承包责任制促进粮食增长阶段
（1978—1984 年）

　　1978 年 12 月，中共十一届三中全会提出了经济体制改革，农产品市场也由计划经济体制转向市场经济体制。同年，家庭联产承包责任制初步确立，将土地所有权和经营权分离，形成了有统有分、统分结合的双层经营体制，纠正了过去高级社效率低下的统一生产经营方式，调动了农民的生产积极性，提高劳动力和土地生产效率，促进了粮食产量的增长，Lin（1992）认为家庭联产承包责任制及市场化改革，可以解释 1978—1984 年农业产量增长的大部分原因。这一期间，国家大幅度提高粮食收购价格，收购价格年均增长率达 10％以上，并对超出计划外的部分在定购价的基础上再加价 30％～50％收购（蒋乃华，1998；戴春芳，2008），粮食产量增长也与粮食价格的上涨直接相关。

### 3.1.2　向市场经济转型期间粮食产量波动性增长阶段（1985—1993 年）

1984 年的全国粮食大丰收，使国有粮食部门仓储基础设施的短板显现出来，仓储设施无法满足收购农民多余粮食的需要。1985 年，政府实施粮食购销体制改革，粮食市场的"双轨制"正式确立，其将实行了 30 多年的统购制改为合同定购，粮食机构和企业、农户签订订购合同，并允许定购计划以外的粮食由农民自由上市，推动粮食价格走向市场化。此时原统购价被当作市场粮价下跌的底线，与粮食保护价有相似的作用。当粮食市场价格低于原统购价时，国家仍按原统购价敞开收购农民余粮。此时，市场经济的步伐还停留在探索阶段，1985—1988 年间粮食价格出现较大波动，粮食产量也开始呈现波动。

为保证国内粮食供给安全，1989 年国家提高粮食收购价，极大地激发了农民种粮积极性，促使 1989—1990 年连续两年粮食丰产。而粮食供给量增加，公有制各部门之间的衔接、国家政策的出台还不到位，私有经济团体还没有形成格局，出现全国性的"卖粮难"，供过于求导致 1990—1991 年粮食价格连续两年大幅下跌，也导致了 1991 年粮食产量下降。因此，针对这一现象，1992 年国家提高粮食定购价格，同时进一步放开粮食市场，加快粮食市场化改革的步伐（戴春芳等，2008）。1993 年，政府宣布不再对收购价格作规定，仅按照合同向农民征收计划收购粮食数量，取消了粮食统销制度，完成了从粮食市场的"双轨制"向市场形成价格的单轨制转变的过程（钟甫宁等，2004），粮食政策也由计划经济转向市场经济。

### 3.1.3 实行保护价格制度、粮食省长负责制促使粮食产量增长阶段（1994—1998年）

"双轨制"政策执行不彻底导致1994年粮食产量下滑，粮食市场供应量出现危机，加上国际上对中国粮食安全问题的关注，使政府保障粮食安全的压力加大。在1994年，政府宣布实施中央和地方两级粮食风险基金制度、粮食保护价格制度和粮食省长负责制，这些措施保证各地区粮食的供需相对平衡以及粮价稳定。实践证明，"米袋子"省长负责制对保障粮食供应、稳定粮食价格起到重要作物。1995年、1996年全国粮食产量出现了明显上升趋势，在此后的1997年和1998年也保持着较高的粮食产出水平。

### 3.1.4 农业结构调整及自然灾害导致粮食产量下降阶段（1999—2003年）

在上一阶段一系列政府宏观措施的影响下，粮食连续丰产，我国开始了以提高农产品质量和农民收入为目标取向的农业结构性战略调整。1998年，政府大幅度地调减粮食播种面积，实行退耕还林等政策。由于这几年受到自然灾害的影响，粮食产量出现连续下降。而2002年粮食流通市场化改革，也使农户粮食生产行为受到市场影响，农民种粮积极性不高，使粮食播种面积进一步减少，粮食产量连续五年下滑，由1999年的5.08亿吨下降至2003年的4.31亿吨，引起政府对粮食生产重视。

### 3.1.5 高度重视三农促进粮食产量高速增长阶段（2004—2015年）

为了扭转不利形势，2004年起政府出台了11个中央1号文件重点关注三农问题，以工业反哺农业、城市支持农村为基本准则，通过取消农业税，实行粮食最低收购价、临时收储等价格支持政策，提供粮食直补、良种补贴、农资综合补贴、农机购置补贴等各项农业补贴政策，促使粮食产量"十二连增",实现新时期农业政策的全面转型(程国强等,2012)。这一阶段我国农业高速发展,农民收入明显增加,极大调动了种粮农民的积极性,再加上农业生产技术的进步,粮食产量逐年稳步上升,到 2015 年,粮食产量达到 61 625 万吨,年均增长率达 2.34%。

### 3.1.6 农业供给侧改革促使农产品结构调整阶段(2016 年至今)

上一阶段粮食增产在保障国家粮食安全的同时,也形成以玉米作物为代表的农产品高产量、高进口量、高库存"三高"共存的矛盾现象,中国农业的主要矛盾已经由过去的总量不足变为结构性矛盾,而供给侧的体制机制障碍是形成这种现象的根本原因(魏后凯,2017)。2016 年起,国家发展战略和政策发生重大变化,农业供给侧结构性改革的提出标志着新的农业政策开始转型,其根本含义是农业生产由市场引导(孔祥智,2016),实现农业产业优化。取消玉米临时收储、发展粮经饲三元结构、降低稻谷最低收购价等一系列措施的提出改变了农民未来预期,达到调节农民生产决策行为、影响农作物供给结构的目的,2016 年粮食总产量都由 2015 年 62 143 万吨下降到 61 625 万吨。

从粮食总产量发展阶段划分可以看出,我国粮食总产量正处于历史最高时期。粮食连年丰收后,进口量不断增长,粮食库存充裕达到历史最高点,加上中国进入新常态,中国经济增速自 2011 年以来连续 6 年放缓,为农业结构调整提供了条件。但 20 世纪 90 年代末粮食面积大幅调减也与之后连续 4 年粮食产量不及消费量的情况有很大关系,因此,在政策改革调整过程中,粮食安全绝不能掉以轻心。

## 3.2 粮食产量及播种面积的波动特征

粮食生产是自然再生产和社会再生产结合的过程,粮食产量的变化与自然气候、政策等因素息息相关。本部分运用 HP 滤波法,对 1978—2016 年粮食总产量、播种面积、单位面积产量时间序列作趋势分解,对波动特征进行分析,掌握粮食产量的波动规律,可以更准确地了解历年粮食供给情况。

## 3.2.1 粮食总产量波动特征

　　HP 滤波法是一种常用的分解时间序列趋势的方法，由 Hopick 和 Prescott 提出，其把宏观经济运行看作潜在增长和短期波动的组合，可以将实际时间序列分解为趋势成分与周期成分。HP 滤波法在应用时增强了周期波动的频率（高铁梅等，2009），从而发现产生波动的规律。

　　运用 HP 滤波法将粮食总产量的长期趋势分离出来，得到历年来粮食总产量的波动特征。其中 TP 为粮食总产量的时间序列，T 为趋势成分，C 周期成分（图 3-1、图 3-2）。

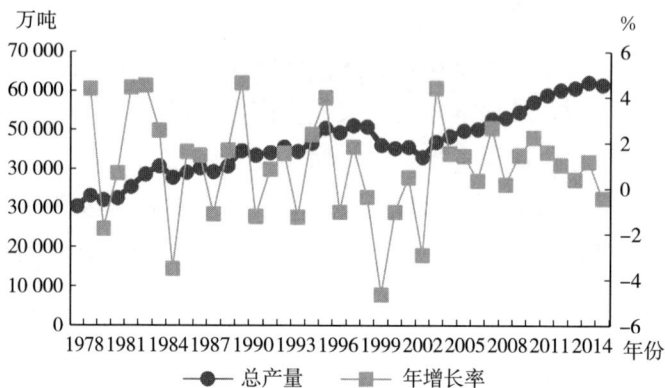

图 3-1　历年来粮食总产量及年增长率走势图

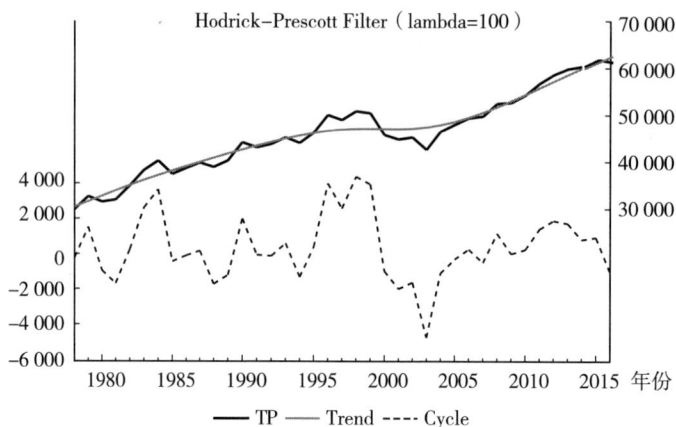

图 3-2　粮食总产量序列分解图

上文已经对粮食总产量变动阶段进行讨论，现在运用 HP 滤波法对粮食总产量进行分析，参考赖红兵（2009）的方法分析各个周期内的周期长度、波峰、波谷和波幅等波动特征。依据"谷—峰—谷"的划分方法，可以将 1978—2016 年粮食总产量的波动划分为 12 个波动周期（表 3 - 1）。

表 3 - 1　粮食产量波动周期划分表

| 周期 | 起止年份 | 周期长度 | 波峰（%） | 波谷（%） | 波幅（%） |
| --- | --- | --- | --- | --- | --- |
| 1 | 1978—1981 | 3 | 4.39 | −1.76 | 6.15 |
| 2 | 1981—1985 | 4 | 4.52 | −3.52 | 8.04 |
| 3 | 1985—1988 | 3 | 1.62 | −1.11 | 2.73 |
| 4 | 1988—1991 | 3 | 4.64 | −1.23 | 5.87 |
| 5 | 1991—1994 | 3 | 1.55 | −1.26 | 2.81 |
| 6 | 1994—1997 | 3 | 3.98 | −1.03 | 5.01 |
| 7 | 1997—2001 | 3 | 1.82 | −4.65 | 6.47 |
| 8 | 2001—2003 | 2 | 0.49 | −2.93 | 3.42 |
| 9 | 2003—2007 | 4 | 4.40 | 0.36 | 4.04 |
| 10 | 2007—2009 | 2 | 2.67 | 0.20 | 2.47 |
| 11 | 2009—2014 | 5 | 2.24 | 0.42 | 1.82 |
| 12 | 2014—2016 | 2 | 1.18 | −0.42 | 1.6 |
| 平均 | | 3.08 | 2.79 | −1.41 | 4.20 |

**1. 波动周期**

1978—2016 年间粮食总产量平均周期长度为 3 年，最长的波动周期是 2009—2014 年，周期长度为 5 年，其余均在 2～4 年间，波动周期较为稳定，没有太大的异常状况。

**2. 波动类型**

根据波动周期内波峰波谷的特点，借鉴栾健（2015）的划分方法，将波动划分为古典型波动、增长型波动、下降型波动。在一个波动周期内，波峰为正值，增长率下降，波谷为负值，则该波动为古典型波动；在一个波动周期内，增长率下降，但波峰波谷均为正值，则该波动为增长型波动；相反，下降型波动的波峰波谷均为负值。通过对我国粮食总产量波动周期特征分析可以发现，1978—2016 年中 2003—2007 年，2007—2009 年，2009—2014 年三个周期为增长型波动，而其他均为古典型波动，

2003—2014 年正是我国农业总产量高速发展、实现粮食产量十二连增的阶段，虽然产量增加存在波动，但这期间粮食产量增长势头强劲。

**3. 波动幅度**

波动幅度是指一个波动周期内波峰与波谷增长率的差，反映波动的稳定性。波动幅度越大说明波动越不稳定。将波动幅度进行划分，大于或等于 10％为强幅型；大于或等于 5％且小于 10％为中幅型；小于 5％为低幅型。1978—2016 年间，我国粮食总产量波动幅度均小于 10％，尤其在 2001 年以来，小动幅度均在 5％以下，且有逐步变小趋势，可以得出近年来我国粮食供给量比较稳定的结论。

总的来说，中国总产量波动总体为低位小幅振荡，波幅逐渐缩小，尤其在 2003 后呈增长型波动，粮食总供给量趋于稳定。

## 3.2.2 单产变化趋势及波动特征

粮食产量的提高有利于保障国内粮食供给安全。粮食播种面积易受到耕地数量和质量的限制，由于我国耕地资源有限，工业化城镇化发展使粮食播种面积不断下降，粮食产量增长的主要原因是单位面积产量的增长，农业现代化、科学化是提高单位面积产量的途径。如图 3-3 所示，改革开放以来，粮食单产平稳上升，2016 年粮食单产水平是 1978 年的 2.15 倍，粮食单产达每公顷 5 451.9 千克。据测算，2004 起粮食产量连续增长期间，粮食单产贡献最大（田甜等，2015）。

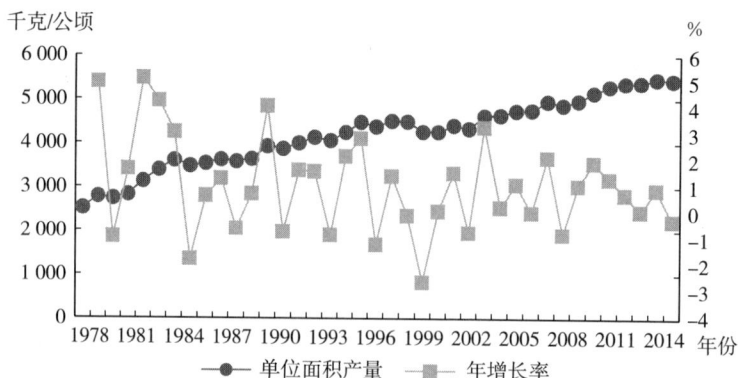

图 3-3　历年来粮食单位面积产量及年增长率走势图

依据同样的方法，运用 HP 滤波法分析 1978—2016 年粮食单位面积产量的长期趋势，可计算得到各个周期内的波峰、波谷、波幅和周期长度等波动特征（图 3-4）。按照"谷—峰—谷"的划分方法，将 1978—2016 年间粮食单产的波动划分为 13 个周期（表 3-2）。

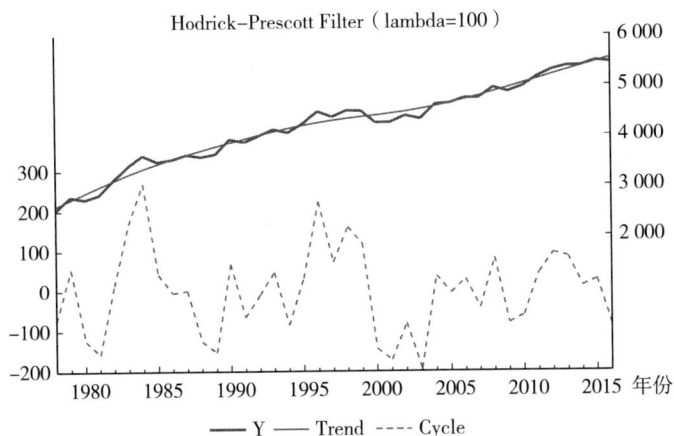

图 3-4　粮食单位面积产量序列分解图

表 3-2　粮食单产波动周期划分

| 周期 | 起止年份 | 周期长度 | 波峰（%） | 波谷（%） | 波幅（%） |
|---|---|---|---|---|---|
| 1 | 1978—1981 | 3 | 4.98 | −0.92 | 5.9 |
| 2 | 1981—1986 | 5 | 5.12 | −1.75 | 6.87 |
| 3 | 1986—1989 | 3 | 1.31 | −0.60 | 1.91 |
| 4 | 1989—1991 | 2 | 4.06 | −0.73 | 4.79 |
| 5 | 1991—1994 | 3 | 1.64 | −0.83 | 2.47 |
| 6 | 1994—1997 | 3 | 2.83 | −1.19 | 4.02 |
| 7 | 1997—2001 | 4 | 1.42 | −2.62 | 4.04 |
| 8 | 2001—2003 | 2 | 1.53 | −0.75 | 2.28 |
| 9 | 2003—2005 | 2 | 3.27 | 0.23 | 3.04 |
| 10 | 2005—2007 | 2 | 1.10 | 0.03 | 1.07 |
| 11 | 2007—2009 | 2 | 2.12 | −0.82 | 2.94 |
| 12 | 2009—2014 | 5 | 1.92 | 0.08 | 1.84 |
| 13 | 2014—2016 | 2 | 0.90 | −0.28 | 1.18 |
| 平均 | | 2.92 | 2.27 | −0.77 | 3.04 |

对单位面积产量波动特征分析发现，单位面积产量波动规律与总产量波动规律相似，平均周期长度也为 3 年，波动周期较为稳定。1978—2016年间我国粮食单位面积产量波动周期中 2003—2005 年、2005—2007 年、2009—2014 年这三个周期为增长型波动，而其他波动均为古典型波动，这与我国粮食总产量波动情况相似。从波动幅度来看大部分周期为低幅型波动，且呈现逐步变小趋势，可以得出近年来我国粮食单位面积产量增长能力变弱。

### 3.2.3　播种面积变化趋势及波动特征

改革开放以来，由于工业化、城镇化发展，我国粮食播种面积在2003 年以前呈波动下降趋势，其中 1999—2003 年下降幅度最大，2004 年后，粮食播种面积呈恢复性增长趋势，到 2016 年，粮食播种面积 113 034千公顷，已恢复到种植面积下降前 1999 年的状态（图 3-5）。

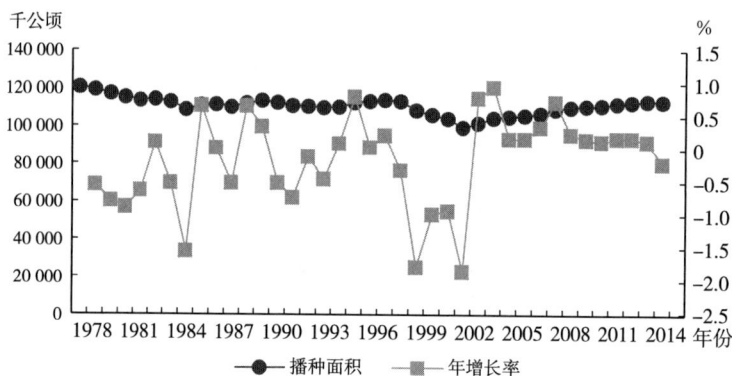

图 3-5　历年粮食播种面积及年增长率走势图

运用 HP 滤波法分析 1978—2016 年粮食播种面积波动情况，并得到粮食播种面积的波动特征（图 3-6）。按照"谷—峰—谷"的划分方法，将 1978—2016 年间粮食播种面积的波动划分为 3.5 个大周期和 9.5 个小周期，大周期起止年份为 1978—1994 年、1994—2003 年、2003—2016 年，其中 1978—1982 年只有波峰到波谷，为半个周期，为了与总产量和单位面积产量划分一致，我们详细说明小波动周期（表 3-3）。

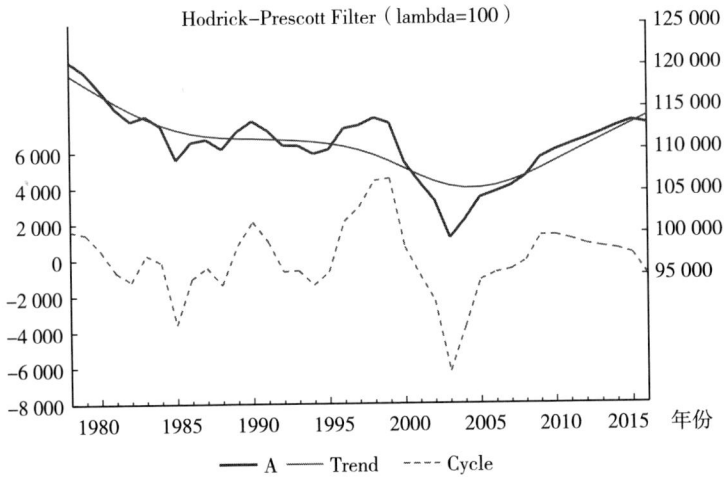

图 3 - 6  粮食播种面积序列分解图

**表 3 - 3  粮食播种面积波动周期划分**

| 周期 | 起止年份 | 周期长度 | 波峰（%） | 波谷（%） | 波幅（%） |
|------|----------|----------|-----------|-----------|-----------|
| 1 | 1978—1983 | | −0.55 | −0.98 | 0.43 |
| 2 | 1983—1985 | 2 | 0.26 | −1.81 | 2.07 |
| 3 | 1985—1988 | 3 | 0.95 | −0.52 | 1.47 |
| 4 | 1988—1992 | 4 | 0.94 | −0.78 | 1.72 |
| 5 | 1992—1994 | 2 | −0.02 | −0.44 | 0.42 |
| 6 | 1994—2000 | 6 | 1.12 | −2.10 | 3.22 |
| 7 | 2000—2003 | 3 | −1.04 | −2.18 | 1.14 |
| 8 | 2003—2008 | 5 | 1.31 | 0.32 | 0.99 |
| 9 | 2008—2012 | 4 | 1.02 | 0.29 | 0.73 |
| 10 | 2012—2016 | 4 | 0.34 | −0.14 | 0.48 |
| 平均 | | 3.67 | 0.43 | −0.83 | 1.27 |

　　根据波动特征结果来看，播种面积的波动情况在 1992—1994 年、2000—2003 年波动周期波峰出现负值，既不是古典型波动也不是增长型波动，我们可以称之为下降型波动，在这两个波动周期粮食播种面积总体都呈现下降趋势。2000—2003 年正是我国农业结构的一次调整阶段，由于 1998 年之前粮食连续丰产，我国开始了以提高农产品质量和农民收入

为目标取向的农业结构性战略调整，造成政府大幅度地调减粮食播种面积，实行退耕还林等政策，由于这期间自然灾害及市场化改革，粮食产量出现连续下降。可以看出农业政策调整对粮食供给有很大影响，大幅度调减粮食播种面积可能会造成粮食产量供不应求的情况，

在 2003—2008 年、2008—2012 年两个波动周期也出现了增长型波动，可见 2004 年开始实行的农业政策对播种面积增长起到促进作用。波幅在 2000 年后也出现变小的趋势，播种面积变动近年来相对平稳，有力地保障粮食产量供给。

总的来说，粮食总产量、单位面积产量、播种面积都存在周期性波动，波动周期为 3～4 年，2004 年三者都出现明显的增长趋势，呈现增长型波动，其主要原因仍然是政策因素，2004 年起政府为扭转粮食产量供不应求的现象，愈加重视三农问题，中央出台了 11 个 1 号文件，通过取消农业税、实行粮食最低收购价、临时收储等支持政策，提供粮食直补、良种补贴、农资综合补贴、农机购置补贴等各项农业补贴政策，促使粮食产量"十二连增"。因此，在今后研究中可以将 2004 年作为一个时间节点，分别讨论 2004 年前后农业政策转型的效果。2014—2016 年三个序列都结束了增长型周期的波动，这一期间正是当前农业供给侧改革农业结构调整阶段，由于上一时期粮食产量"十二连增"，形成以玉米作物为代表的农产品高产量、高进口量、高库存"三高"共存的矛盾现象，因此国家取消玉米临时收储、发展粮经饲三元结构、降低稻谷最低收购价等一系列的措施，调节农民生产决策行为，影响农作物供给结构，对粮食总产量有一定影响。

## 3.3 粮食供给结构变化及生产区变化分析

### 3.3.1 粮食供给结构变化

#### 1. 种植业供给结构变化

改革开放以来，我国经济飞速发展，农业结构发生深刻变化（表 3 - 4）。粮食作物比重下降，经济作物比重上升。1978—2016 年，我国粮食作物播种面积比重从 80.3% 下降到 67.8%，其中 2003 年为最低点，粮食播种

面积仅占农作物总播种面积的 65.2%，2004 年后播种比例逐年上升，到 2015 年增长至 68.1%，2016 年农业结构调整后，比例下降至 67.8%。油料、糖料、蔬菜播种面积比重都有所上升，增幅最大的是蔬菜，从 1978 年至 2016 年不断上涨，增长了 19 个百分点，其次是油料作物，增长了 4 个百分点，糖料比重也有一定程度的上升。棉花和未列出的其他农作物播种面积比例呈下降趋势。

表 3-4　我国粮食与其他作物播种面积占农作物总播种面积比例

| 年份 | 粮食（%） | 油料（%） | 糖料（%） | 蔬菜（%） | 棉花（%） | 其他（%） |
|---|---|---|---|---|---|---|
| 1978 | 80.34 | 4.15 | 0.59 | 2.76 | 3.24 | 9.47 |
| 1980 | 80.09 | 5.42 | 0.63 | 2.69 | 3.36 | 8.35 |
| 1990 | 76.48 | 7.35 | 1.13 | 6.22 | 3.77 | 6.52 |
| 1995 | 73.43 | 8.74 | 1.21 | 9.65 | 3.62 | 5.91 |
| 2000 | 69.39 | 9.85 | 0.97 | 15.89 | 2.59 | 6.17 |
| 2003 | 65.22 | 9.83 | 1.09 | 18.06 | 3.35 | 8.72 |
| 2004 | 66.17 | 9.40 | 1.02 | 17.28 | 3.71 | 8.27 |
| 2005 | 67.06 | 9.21 | 1.01 | 16.99 | 3.26 | 8.07 |
| 2012 | 68.05 | 8.52 | 1.24 | 18.30 | 2.87 | 6.86 |
| 2013 | 68.01 | 8.52 | 1.21 | 18.67 | 2.64 | 6.93 |
| 2014 | 68.13 | 8.49 | 1.15 | 18.99 | 2.55 | 6.74 |
| 2015 | 68.13 | 8.44 | 1.04 | 21.66 | 2.28 | 5.36 |
| 2016 | 67.83 | 8.48 | 1.02 | 22.06 | 2.01 | 5.70 |

数据来源：中国统计年鉴。

**2. 粮食供给结构变化**

从 1978 年到 2016 年，我国粮食作物播种面积由 120 587 千公顷下降到 113 034 千公顷，粮食作物内部结构也发生变化，1978 年，粮食作物中播种面积排名前三位的是稻谷（28%）、小麦（24%）和玉米（17%），到 2016 年三种作物占粮食作物的比重变为玉米（32%）、稻谷（27%）和小麦（21%）。显然，只有玉米的播种面积大幅增加，稻谷和小麦都有所下降。其他粮食作物除大豆播种面积有少量增加外，其余作物占粮食播种面积比例均有不同程度的下降（图 3-7）。

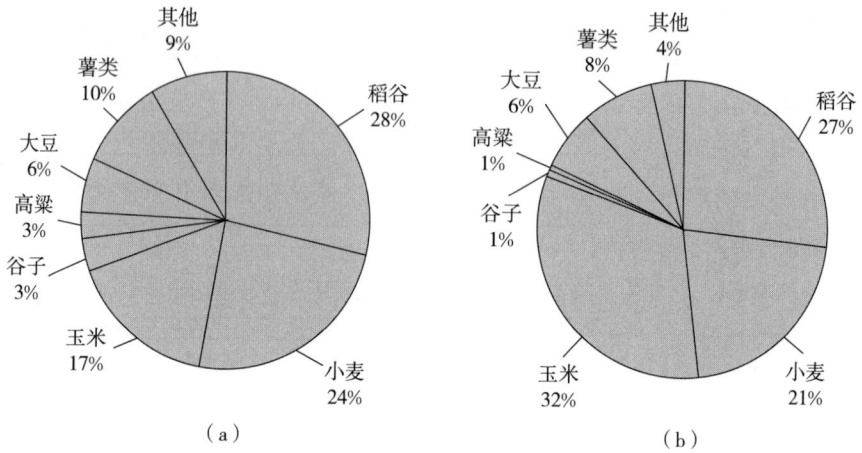

（a）　　　　　　　　　　（b）

图 3-7　1978 年（a）和 2016 年（b）各主要粮食播种面积比例

从主要粮食产量来看，在 2011 年以前稻谷一直是总产量最高的粮食作物，2012 年后玉米产量超过稻谷。从波动趋势来看，1978—2016 年间，玉米产量呈明显的增长趋势，从 5 594.5 万吨上升到 21 955.1 万吨，1994—2000 年玉米产量有强烈波动，2000 年后玉米产量大幅增长。稻谷和小麦产量波动情况类似，可大致分为三个阶段，1978—1997 年前后是波动式上升，而 1998—2003 年迅速下降，2004 年以后呈恢复性增长，到 2015 年达到历史产量最高值。大豆与其他三种粮食作物的波动趋势完全不同，1989 年和 1991 年，其他粮食作物产量处于上涨阶段，但大豆产量却大幅下滑，1998—2003 年其他粮食作物均处于产量下降时期，而大豆产量不断上涨，在 2004 年达到大豆历史最高产量，2004 年后其他粮食作物产量不断上涨，大豆产量却波动式下降，在 2015 年达到最低点，2016 年反弹，与其他粮食作物正好相反。如图 3-8 所示。

**3. 粮食供需情况**

我国国内农产品供给的主要来源为自给，中央 1 号文件规定我国粮食自给率要达到 80% 以上，口粮自给率要达到 100%。由图 3-9 可以看出，我国主要粮食品种总供给量均显著高于总消费量，除小麦外，总供给量与总消费量的差有扩大趋势。也就是说粮食进口量不断增长。从稻谷、小麦供需情况，近年来，我国稻谷总产量比消费量略高，而小麦总产量比总消

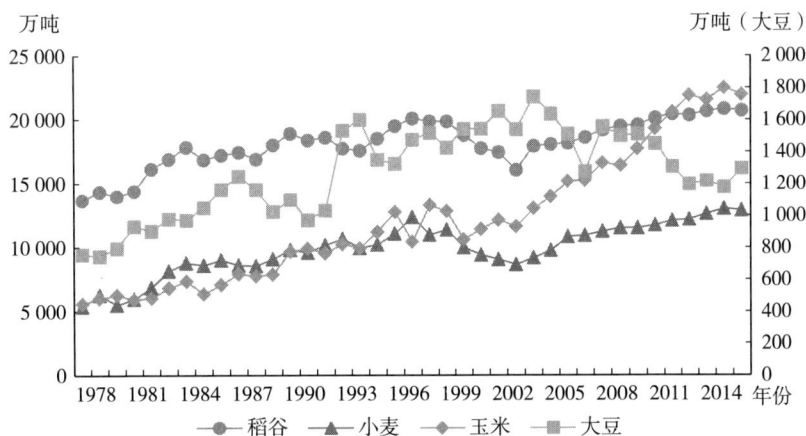

图 3-8 历年粮食作物总产量趋势图

费量略低，但基本可以满足国内口粮需求。玉米国内总供给量在 2011 年后增长幅度较大，显著高于总消费量，与此同时，玉米进口量不断增加，玉米总供给与总消费量剩余越来越大，玉米库存大量积压。2015 年后由

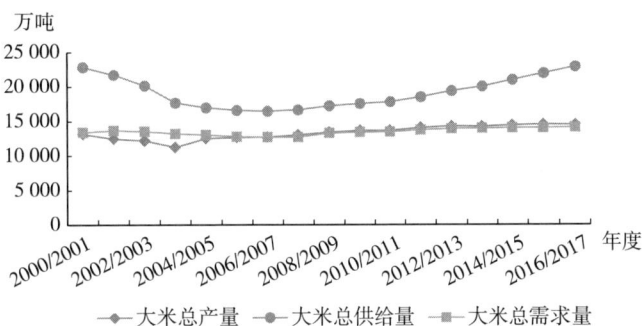

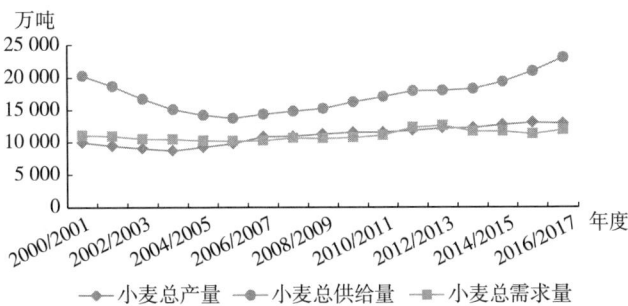

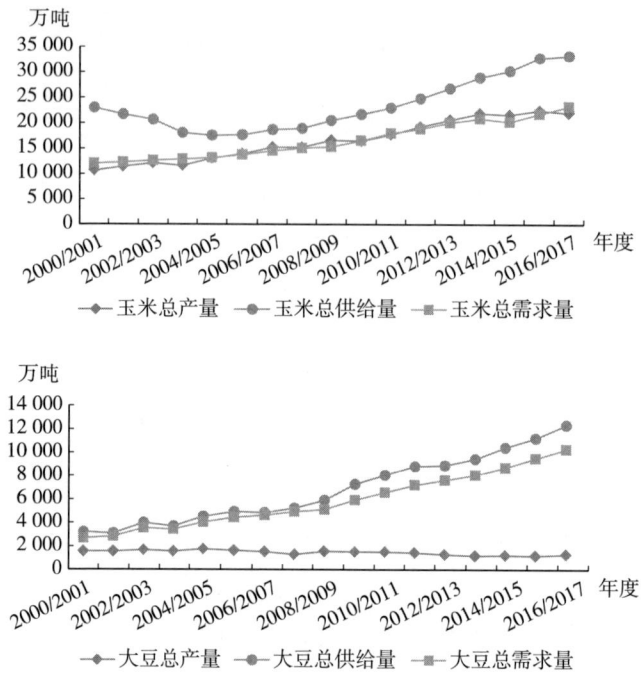

图 3-9 我国粮食主要品种供需情况

数据来源：美国农业部 USDA 数据库。

于农业结构调整，玉米总产量下降，与总消费量差额缩小，但进口量仍然增长，造成总供给量与总消费量的剩余继续加大。大豆与其他粮食作物的情况完全不同，大豆国内总产量连年下降，而大豆消费量连年增长，大豆供给主要来源于进口。在主要粮食作物中，农业结构调整应保持稻谷、小麦产量稳定，减玉米、增大豆。

## 3.3.2 粮食生产区域变化

我国地大物博，各省市区气候条件及环境存在很大差异，市场化进程和经济发展水平各不相同，这种差距也会影响到粮食生产布局。改革开放以来，粮食生产由"南粮北调"变为"北粮南运"，并由中心向边缘地区扩展。随着农业科技进步，粮食生产带向北推移，原来不适宜种粮的地区成为粮食主产省份，而经济发达地区则逐步退出粮食生产，了解粮食主产区的变化有助力更有效地选取研究对象，提高模型的准确性。

**1. 粮食主产省份变动情况**

1978—2016 年间，粮食主产省份变动较大，生产区域格局发生调整。1978 年粮食生产排名前 10 的省区依次是四川、江苏、山东、河南、湖南、湖北、广东、河北、黑龙江、安徽，占全国粮食总产量的 63.3%。到 2016 年生产排名前 10 的省区依次是黑龙江、河南、山东、吉林、四川、江苏、河北、安徽、湖南、内蒙古，占全国粮食总产量的比例上升到 64.8%，粮食供给集中度上升。黑龙江省粮食产量上升最快，由 1978 年第 9 位 1 500 万吨上升到 2016 年第 1 位 6 058.5 万吨，年均增长率达 3.7%，其次河南、山东、吉林粮食产量增长也十分迅速。在 1978 年排名第 6 和第 7 位的湖北和广东，在 2016 年已不在粮食十大主产省份内（表 3 - 5）。

表 3 - 5　1978—2016 年我国粮食十大主产省份排名变动情况

| 排名 | 1978 年 | | 1985 年 | | 1998 年 | | 2003 年 | | 2016 年 | |
|---|---|---|---|---|---|---|---|---|---|---|
| | 省份 | 产量 | 省份 | 产量 | 省份 | 产量 | 省份 | 产量 | 省份 | 产量 |
| 1 | 四川 | 3 000 | 四川 | 3 830.7 | 山东 | 4 264.8 | 河南 | 3 569.5 | 黑龙江 | 6 058.5 |
| 2 | 江苏 | 2 290 | 山东 | 3 137.7 | 河南 | 4 009.6 | 山东 | 3 435.5 | 河南 | 5 946.6 |
| 3 | 山东 | 2 250 | 江苏 | 3 126.5 | 四川 | 3 519.7 | 四川 | 3 054.1 | 山东 | 4 700.7 |
| 4 | 河南 | 1 900 | 河南 | 2 710.5 | 江苏 | 3 415.1 | 黑龙江 | 2 512.3 | 吉林 | 3 717.2 |
| 5 | 湖南 | 1 900 | 湖南 | 2 514.3 | 黑龙江 | 3 008.5 | 江苏 | 2 471.9 | 四川 | 3 483.5 |
| 6 | 湖北 | 1 725.5 | 湖北 | 2 216.1 | 河北 | 2 917.5 | 湖南 | 2 442.7 | 江苏 | 3 466.0 |
| 7 | 广东 | 1 632 | 安徽 | 2 168.0 | 湖南 | 2 647.9 | 河北 | 2 387.8 | 河北 | 3 460.2 |
| 8 | 河北 | 1 615 | 河北 | 1 966.6 | 安徽 | 2 591.0 | 吉林 | 2 259.6 | 安徽 | 3 417.4 |
| 9 | 黑龙江 | 1 500 | 广东 | 1 737.9 | 吉林 | 2 506.0 | 安徽 | 2 214.8 | 湖南 | 2 953.2 |
| 10 | 安徽 | 1 482 | 浙江 | 1 621.3 | 湖北 | 2 475.8 | 湖北 | 1 921.0 | 内蒙古 | 2 780.3 |

数据来源：中国统计年鉴。

2016 年稻谷总产量最高的 10 个省份有湖南、黑龙江、江西、江苏、湖北、四川、安徽、广西、广东，占全国稻谷总产量的 67.7%。其中湖南产量最高，达到 2 602 万吨，黑龙江省由 1978 年的第 17 位上升到第 2 位，年平均增长率达 8.3%。小麦产量排名前 10 的省份有河南、山东、河北、安徽、江苏、新疆、陕西、湖北、四川、山西，占全国小麦总产量的95.5%，小麦的生产集中度非常高。玉米的十大主产省份有黑龙江、吉林、内蒙古、山东、河北、河南、辽宁、山西、四川、云南，占全国玉米总产量的83.1%，前3大主产省都在东北地区，粮食生产重担已向东北转移。大豆十大主产省份有黑龙江、安徽、内蒙古、四川、河南、江苏、吉林、山东、云南、辽宁，其中内蒙古产量增长最快，年增长率达10.9%。

根据1978—2016年间稻谷、小麦、玉米、大豆产量对主要生产省份进行汇总，去掉一些年份粮食产量较少的省份，保证产量数据的连续性（表3-6）。

表3-6　本研究选用的粮食供给地区列表

| 作物 | 研究地区 | 2016年占总产量比例 |
|---|---|---|
| 稻谷 | 河北、辽宁、吉林、黑龙江、上海、江苏、浙江、安徽、福建、江西、山东、河南、湖北、湖南、广东、广西、四川、贵州、云南、陕西、宁夏、新疆 | 96.42% |
| 小麦 | 天津、河北、山西、内蒙古、黑龙江、江苏、浙江、安徽、山东、河南、湖北、四川、贵州、云南、陕西、青海、甘肃、宁夏、新疆 | 99.41% |
| 玉米 | 北京、天津、河北、山西、内蒙古、辽宁、吉林、黑龙江、江苏、安徽、山东、河南、湖北、广西、四川、贵州、云南、陕西、甘肃、宁夏、新疆 | 97.16% |
| 大豆 | 河北、山西、内蒙古、辽宁、吉林、黑龙江、江苏、安徽、山东、河南、湖北、云南、陕西 | 81.15% |

为进一步分析这些粮食生产区域的粮食供给量变化情况，通过对粮食总产量、各地区粮食作物产量，计算各省份生产粮食在全国粮食生产中所占的比重，了解生产地区产量随时间的变化趋势。

**2. 粮食生产区域总体变化情况**

借鉴高帆（2005）粮食生产指数计算方法，首先计算在特定时期某省的粮食产量占全国粮食产量的比重，计算粮食生产指数。

$$I_{jt} = Q_{jt}/Q_t \qquad (3-1)$$

式中，$j$ 为1北京，2天津，3河北，…，28新疆，其中将海南数据归入广东省，重庆数据归入四川省；$t$ 取值为1，2，…，35，表示第 $t$ 年份，$t=1$ 为 1978 年，$t=2$ 为 1979 年，以此类推；$I_{jt}$ 指粮食作物在 $j$ 省第 $t$ 年的粮食生产指数；$Q_{jt}$ 表示粮食作物在 $j$ 省份第 $t$ 个年份的生产总量；$Q_t$ 表示粮食作物全国第 $t$ 年份的生产总量。

地区粮食产量随时间变化的情况可以通过以时间为自变量，粮食生产指数为因变量的回归方程来解释。

$$I_{jt}=C+\alpha t \qquad\qquad (3-2)$$

不同省份粮食作物生产指数回归结果（表 3-7）可以通过 $R^2$、调整后的 $R^2$ 和 $P$ 值来分析各地区粮食总产量随时间趋势变化情况。

表 3-7　我国各省粮食生产指数回归结果

| 省份 | 回归系数符号 | P 值 | 省份 | 回归系数符号 | P 值 | 省份 | 回归系数符号 | P 值 |
|------|------|------|------|------|------|------|------|------|
| 北京 | − | 0.000 0 | 浙江 | − | 0.000 0 | 四川 | − | 0.000 0 |
| 天津 | − | 0.000 0 | 安徽 | + | 0.051 1 | 贵州 | + | 0.033 8 |
| 河北 | + | 0.000 0 | 福建 | − | 0.000 0 | 云南 | + | 0.000 0 |
| 山西 | − | 0.292 4 | 江西 | − | 0.007 4 | 西藏 | + | 0.000 0 |
| 内蒙古 | + | 0.000 0 | 山东 | + | 0.162 1 | 陕西 | − | 0.000 0 |
| 辽宁 | − | 0.721 2 | 河南 | + | 0.000 0 | 甘肃 | + | 0.000 0 |
| 吉林 | + | 0.000 0 | 湖北 | − | 0.000 0 | 青海 | − | 0.000 0 |
| 黑龙江 | + | 0.000 0 | 湖南 | − | 0.000 0 | 宁夏 | + | 0.000 0 |
| 上海 | − | 0.000 0 | 广东 | − | 0.000 0 | 新疆 | + | 0.000 0 |
| 江苏 | − | 0.000 0 | 广西 | + | 0.000 0 |  |  |  |

粮食总产量长期减少的地区有北京、天津、上海、江苏、浙江、福建、湖北、湖南、广东、广西、四川、陕西、青海。这些地区粮食生产指数回归系数小于 0，而 $P=0.000\ 0$，粮食产量稳定下降，这里既包括原本的粮食主产省份江苏、湖南、四川等，也包括北京、天津、上海经济发达地区以及浙江、广东沿海地区，主要原因为农业相对收益较低，人们大多选择非农工作，使粮食总产量降低。

总产量增加的地区有河北、内蒙古、吉林、黑龙江、河南、云南、西藏、甘肃、宁夏、新疆。这些区域粮食生产指数对时间的回归系数大于 0，而 $P=0.000\ 0$，表明这些地区粮食总产量稳定增长，河北、内蒙古、吉林、黑龙江、河南本身即为粮食主产省份，而西藏、宁夏、新疆等原为非粮食主产省份，但随意时间推移，农业有了一定发展。

总产量没有明显趋势变化的地区有山西、辽宁、安徽、江西、山东、贵州。这些地区回归方程 $P>0.000\ 0$，方程结果并不显著，因此这些地区粮食生产没有明显趋势。

由变化趋势可以看出，东部地区和中部地区粮食生产总量在下降，而东北地区和西部地区粮食产量在增加。

### 3. 各粮食品种生产区域状况及变动分析

为进一步了解改革开放以来各种粮食作物生产区域变化的特征，分别对四种作物进行生产指数分析，并将生产地区划分为不同的生产特征区域，讨论四种粮食作物生产区域的空间变化。

对不同生产区域分别计算水稻、小麦、玉米、大豆四种粮食作物生产指数，分析方法如上文所示。

$$I_{ijt}=Q_{ijt}/Q_{it} \tag{3-3}$$

式中 $i$ 取值范围是 1 水稻、2 小麦、3 玉米、4 大豆，$j$ 取值范围是 1 北京、2 天津、3 河北、…、28 新疆，$t$ 取值为 1、2、…、35，并建立各品种粮食生产指数对时间的反应函数，计算相关统计量。

$$I_{ijt}=C+\alpha t \tag{3-4}$$

结果汇总如表 3-8。

表 3-8　我国各省分品种粮食生产指数回归结果汇总

| 省份 | 稻谷回归系数符号 | P 值 | 小麦回归系数符号 | P 值 | 玉米回归系数符号 | P 值 | 大豆回归系数符号 | P 值 |
|---|---|---|---|---|---|---|---|---|
| 北京 | — | 0.000 0 | — | 0.000 0 | — | 0.000 0 | — | 0.006 2 |
| 天津 | — | 0.006 9 | — | 0.066 6 | — | 0.000 0 | — | 0.001 8 |
| 河北 | — | 0.000 0 | + | 0.000 0 | — | 0.000 0 | — | 0.002 9 |
| 山西 | — | 0.000 0 | — | 0.000 0 | + | 0.048 2 | — | 0.074 0 |
| 内蒙古 | + | 0.000 0 | — | 0.191 2 | + | 0.000 0 | + | 0.000 0 |
| 辽宁 | + | 0.000 0 | — | 0.297 0 | + | 0.000 0 | — | 0.000 0 |
| 吉林 | + | 0.000 0 | — | 0.000 0 | + | 0.504 6 | — | 0.000 1 |

（续）

| 省份 | 稻谷回归系数符号 | P值 | 小麦回归系数符号 | P值 | 玉米回归系数符号 | P值 | 大豆回归系数符号 | P值 |
|---|---|---|---|---|---|---|---|---|
| 黑龙江 | + | 0.000 0 | − | 0.000 0 | + | 0.000 2 | + | 0.000 0 |
| 上海 | − | 0.000 0 | − | 0.000 0 | − | 0.000 0 | − | 0.116 4 |
| 江苏 | − | 0.023 5 | − | 0.004 5 | − | 0.000 0 | − | 0.003 1 |
| 浙江 | − | 0.000 0 | − | 0.000 0 | − | 0.000 0 | + | 0.584 8 |
| 安徽 | + | 0.617 4 | + | 0.000 0 | + | 0.000 0 | + | 0.113 7 |
| 福建 | − | 0.000 0 | − | 0.000 0 | + | 0.000 0 | + | 0.012 2 |
| 江西 | + | 0.035 5 | − | 0.000 0 | + | 0.000 5 | + | 0.957 9 |
| 山东 | + | 0.008 8 | + | 0.000 3 | − | 0.000 0 | − | 0.000 0 |
| 河南 | + | 0.000 0 | + | 0.000 0 | + | 0.043 7 | − | 0.000 0 |
| 湖北 | − | 0.000 2 | − | 0.000 0 | − | 0.015 9 | − | 0.058 7 |
| 湖南 | − | 0.000 0 | − | 0.000 0 | + | 0.000 0 | − | 0.269 4 |
| 广东 | − | 0.000 4 | − | 0.000 0 | + | 0.002 4 | − | 0.037 0 |
| 广西 | − | 0.000 0 | − | 0.000 6 | + | 0.000 0 | − | 0.945 7 |
| 四川 | − | 0.000 1 | − | 0.000 0 | − | 0.000 0 | − | 0.000 0 |
| 贵州 | − | 0.492 1 | − | 0.584 5 | − | 0.000 1 | − | 0.013 3 |
| 云南 | + | 0.013 0 | − | 0.062 7 | − | 0.012 7 | + | 0.000 2 |
| 西藏 | + | 0.817 0 | + | 0.267 4 | + | 0.000 0 | − | 0.527 9 |
| 陕西 | − | 0.000 0 | − | 0.000 0 | − | 0.000 0 | + | 0.457 1 |
| 甘肃 | + | 0.001 9 | − | 0.000 0 | − | 0.000 0 | − | 0.000 0 |
| 青海 | | | − | 0.000 0 | + | 0.000 0 | | |
| 宁夏 | + | 0.000 0 | − | 0.000 9 | + | 0.000 0 | − | 0.000 0 |
| 新疆 | + | 0.000 0 | + | 0.000 0 | + | 0.000 0 | + | 0.000 0 |

整理各粮食作物回归结果，将地区分为平稳增长区（$\alpha>0$ 且 $P=0.000\ 0$）、一般增长区（$\alpha>0$ 且 $0.000\ 0<P<0.001\ 0$）、平稳下降区（$\alpha<0$ 且 $P=0.001\ 0$）、一般下降区（$\alpha<0$ 且 $0.000\ 0<P<0.001\ 0$）、相对平衡区（$\alpha<0$ 或 $\alpha>0$，$P>0.001\ 0$）四个区域，讨论四种粮食作物生产区域产量增减情况。

对各粮食生产省份进行生产指数回归分析，可以更清晰地看出不同粮食作物生产省份1978—2016 年生产趋势变化情况。从表 3-9 中可以看出，稻谷平稳增长区为辽宁、吉林、黑龙江、河南、宁夏、新疆，主要集中在东北部和西北部地区，而平稳下降区位于河北、上海、浙江、福建、湖南、广西、陕西，主要为中部和南方地区，因此稻谷产量的增长主要来源于向北方转移。小麦的平稳增长区为河北、安徽、河南、新疆，主要集中于中部地区，平稳下降区为山西、黑龙江、浙江、湖北、四川、陕西、甘肃、青海，可见小麦主产省份向中间偏移，同理玉米向西北部偏移、大豆向东北部偏移。

表 3-9　我国粮食生产区域粮食供给变动类型划分

| 类型 | 省份 |
|---|---|
| 稻谷 | 平稳增长区：辽宁、吉林、黑龙江、河南、宁夏、新疆<br>一般增长区：山东<br>平稳下降区：河北、上海、浙江、福建、湖南、广西、陕西<br>一般下降区：湖北、广东、四川<br>相对平衡区：江苏、安徽、江西、贵州、云南 |
| 小麦 | 平稳增长区：河北、安徽、河南、新疆<br>一般增长区：山东<br>平稳下降区：山西、黑龙江、浙江、湖北、四川、陕西、甘肃、青海<br>一般下降区：江苏、宁夏<br>相对平衡区：天津、内蒙古、贵州、云南 |
| 玉米 | 平稳增长区：内蒙古、安徽、甘肃、宁夏、新疆<br>一般增长区：黑龙江<br>平稳下降区：北京、天津、河北、辽宁、江苏、山东、广西、四川、陕西<br>一般下降区：贵州<br>相对平衡区：山西、吉林、河南、湖北、云南 |
| 大豆 | 平稳增长区：内蒙古、黑龙江<br>一般增长区：云南<br>平稳下降区：辽宁、山东、河南<br>一般下降区：河北、吉林、江苏<br>相对平衡区：山西、安徽、湖北、陕西 |

高帆（2005）认为生产区域的变化与地区经济发展存在冲突。在各省粮食总产量分析结果中也可以发现，北京、天津、上海、江苏、浙江、福建等地经济发展水平较高，粮食产量持续下降，而总产量增加的地区如河

北、内蒙古、吉林、黑龙江、河南、云南、西藏、甘肃、宁夏、新疆，经济发展水平相对较低。事实上，经济发展水平是影响粮食产量的重要因素，更为关键的因素为地区发展的比较优势和农业生产比较收益，当区域内农业比较收益高于二、三产业收益时，资本、劳动力等资源要素会向农业流动，农业产出会呈增长趋势，而农业比较收益低时资源则会向外流出。此外，地区间农业比较优势对粮食产量也有十分重要的影响，从各品种粮食产量生产指数计算结果可以发现，稻谷、玉米都向北部地区转移，由于北方人均耕地面积较大，农业资源相对丰富，因此大型机械化的粮食生产会向北部地区转移。由于中部平原地区气候条件及地理优势，可以种植冬小麦，而北方由于大多数地区只能种植一季，小麦的收益没有稻谷和玉米大，因此在中部一年两季的地区种植小麦更有优势。大豆产量平稳上升的地区为传统大豆种植优势地区，也可以说具有一定比较优势。而对各品种粮食产量下降地区分析发现，粮食产量下降地区不但包括经济较发达地区，还包括陕西、青海等，这些地区由于自然条件限制，粮食种植面积不断下降，粮食生产不具备比较优势。

## 3.4　本章小节

本章通过剖析各省份农业生产优势、结构变化，分解序列的趋势要素发现，改革开放以来粮食总产量、单位面积产量、播种面积都存在周期性波动，波动周期为 3～4 年，播种面积在 1992—1994 年和 2000—2003 年出现了两次下降型波动，播种面积的下降趋势明显。2000—2003 年正是我国农业结构的一次调整阶段，大幅度地调减粮食播种面积，实行退耕还林等政策，由于这期间自然灾害及市场化改革，粮食产量出现连续下降。因此在优化和调整农业生产结构中，仍应将保障粮食稳定供给放在首位。2004 年后粮食总产量、单位面积产量、播种面积都出现明显的增长趋势，呈现增长型波动，其主要原因为 2004 年起中央一系列惠农补贴政策促使粮食产量"十二连增"，是典型的农业政策转型时期。在今后研究中可以将 2004 年作为一个时间节点，分别讨论 2004 年前后农业政策转型的效果。2014—2016 年三个序列都结束了增长型周期的波动，是当前农业供给侧改革结构调整时期，由于粮食供给结构性矛盾凸显，国家对价格支持等政策进行调整，使粮食产量和结构都发生变化。

从各省粮食总产量分析结果中可以发现，粮食生产区域的变化与当地经济发展、地区比较优势、地区内不同产业比较收益等因素相关，稻谷、玉米都向北部地区转移，主要与北方农业比较优势较大，农业资源相对丰富有关。小麦向中部地区集中源于中部地区一年可以种植两季作物的气候条件及平原种植小麦作物的地理优势。大豆产量平稳上升的地区为传统大豆种植优势地区。由此可见，随着经济及农业产业的发展，粮食生产优势产业带已经呈现新的地理特征。为保障在农业结构调整过程中粮食稳定供给，应充分考虑粮食主产区的比较优势和资源环境承载力，从注重农业科技投入、推动土地规模化经营的角度，提高粮食单位面积产量，有效扩大粮食主产区农业生产效率和比较优势，合理高效利用农业土地资源。

# 第 4 章　粮食静态供给反应模型：利润函数供给反应模型

国内外对于农业供给反应的研究已经历了近一个世纪，对农产品供给的研究主要可以分为两类：一是设定生产函数形式或利润函数形式，二是直接设定供给反应模型。生产函数的研究和应用相对较早，其主要采用静态分析方法，对市场完全竞争、均衡等方面做出假设，反映各种投入要素对产出的影响，适合研究制约条件下的供给。利润函数是按照经济学中边际主义定义，对于指定的价格，利润等于该价格在生产集上的最大值。供给函数描述了一种商品供给数量与影响供给量的各种因素之间的相互关系。生产函数、利润函数与供给函数之间存在一定对应关系，在一定限定条件下，三者之间可以相互推导。如当一个利润函数满足某些正则条件时，利润函数与生产函数内容相同，此时通过霍特林引理又可以推导出供给函数。无论函数形式是其中的哪一种，农产品供给量都源于影响因素的相互作用，包括产出价格、投入价格、气候条件等。在市场调节资源配置的情况下，在生产技术和资源的约束下，农民作为理性的经济人，其进行农业生产遵循的原则是实现利润最大化。在我国，自然地理条件及经济社会差异比较明显，不同地区的资源禀赋和市场环境不同造成适合种植的作物不同，同一作物在不同地区的利润也不尽相同。因此，应分地区分品种讨论农民生产决策行为，通过建立利润函数的供给反应模型，推导出多投入多产出的农产品产出供给方程和要素需求方程，分析各粮食作物之间以及投入要素与产出之间的内在联系。

## 4.1　利润函数理论方法

静态的供给反应中，对农户生产行为建立模型有两种办法：一是设定投入与产出的技术关系，即生产函数，反映投入要素和产出水平组合之间存在的技术关系，常见的C—D生产函数、超越对数生产函数、里昂惕夫生产函数等，再由生产函数推导出产品供给和要素需求函数。另一种方法是生产者选择投入品，假设在短时期农户的选择不会改变农产品和投入要素的市场价格，设定一种利润函数、成本函数或收入函数，反映既定产品价格和投入品价格的情况下，生产者为实现利润最大化或成本最小化，对投入要素进行最优选择的行为。这种情况下，利用霍特林引理，设定函数对价格求偏导，得到产品供给和要素需求方程。

**1. 生产函数法**

农民以利润最大化为目标进行生产经营，当产品价格和生产要素价格一定时，生产者的决策遵循特定的生产函数进行生产。

假设生产函数为：

$$h(q, \ x, \ z) = 0 \qquad (4-1)$$

其中$q$是产出数量向量，$x$是投入数量向量，$z$是固定要素数量向量。投入变量通常是种子、化肥、农药、劳动力等，这些可以根据农户需要的数量购买。固定要素是短期内不变的要素（如土地、农机装备等），或基础设施（灌溉面积、推广服务等）以及外部条件（如降水量、温度等）。

如果$w$和$p$分别是投入品的价格和产出的价格向量，生产者约束利润为$p'q - w'x$，$'$表示的是向量的转置，农民生产利润等于总收益减去可变成本。假设在短期内，生产者可以通过选择投入要素和产出的组合使利润最大化。

$$\max_{x,q} p'q - w'x$$
$$\text{s. t. } h(q,x,z) = 0 \qquad (4-2)$$

这个极大值问题的解决办法是求解一组投入品需求函数和产出供给函数，可以写为：

$$x = x(p, \ w, \ z) \ \text{和} \ q = q(p, \ w, \ z) \qquad (4-3)$$

将这些表达式代入利润函数，$\pi$为利润，农民在给定的价格$w$、$p$及固定要素$z$条件下，可获得的最大利润为：

$$\pi = p'q(p, \ w, \ z) - w'x(p, \ w, \ z) = \pi(p, \ w, \ z) \qquad (4-4)$$

在正则条件下，生产函数和利润函数有一对一的对应关系。例如，如果生产函数是柯布—道格拉斯生产函数，利润函数也是这种形式。如道格拉斯生产函数形式为 $q=\alpha x^\alpha z^\beta$。当遵循利润最大化时，对 $pax^\alpha z^\beta-wx$ 取一阶导数：

$$pa\alpha x^{\alpha-1}z^\beta-w=0 \qquad (4-5)$$

投入最优水平为：

$$x=\left(a\alpha z^\beta\frac{p}{w}\right)^{\frac{1}{1-\alpha}} \qquad (4-6)$$

相应的产出最优水平为：

$$q=a^{\frac{1}{1-\alpha}}\left(\alpha\frac{p}{w}\right)^{\frac{\alpha}{1-\alpha}}z^{\frac{\beta}{1-\alpha}} \qquad (4-7)$$

利润最大化函数为：

$$\pi=a^{\frac{1}{1-\alpha}}\alpha^{\frac{\alpha}{1-\alpha}}(1-\alpha)z^{\frac{\beta}{1-\alpha}}p^{\frac{1}{1-\alpha}}w^{\frac{-\alpha}{1-\alpha}} \qquad (4-8)$$

然而这种对应关系并不一定是成立的，当生产函数规模报酬不变或规模报酬递增时，利润最大化解不存在，因此下文我们直接给出利润的函数形式。

## 2. 利润函数法

利润函数法是以对偶理论（Dual theory）为基础推导出来的，基本原理为当利润函数满足某些正则条件时，利润函数和生产函数包含同样的生产技术信息（Lau et al.，1978）。因此，当生产函数是未知时，只需要定义某一利润函数，使它满足正则条件，就可以推出投入的需求方程和产出的供给方程。

当定义利润函数时，应满足：①价格 $p$ 是连续函数；②产出价格单调上升，投入价格单调下降；③价格 $p$ 是凸函数；④价格 $p$ 是一阶齐次函数。利润函数已经被广泛应用于农产品生产的实证中（Sidhu et al.，1981；Lopez，1984；Huang et al.，1996；李强等，2007）。通过利润函数法可以研究有限资源在各种产品之间的分配以及各种产出和投入要素之间的关系。

假设利润函数为 $\pi^*(p,w,z)$，利润函数满足正则条件，根据霍特林引理，对产出价格求导数，可以求出产出供给方程：

$$\frac{\partial\pi}{\partial p}(p,w,z)=y=y^*(p,w,z) \qquad (4-9)$$

利润函数对投入品价格求导，可以求出要素需求方程：

$$\frac{\partial \pi}{\partial w_i}(p,\ w,\ z)=x_i=x_i^*(p,\ w,\ z) \qquad (4-10)$$

由于 $\pi^*(p,\ w,\ z)$ 是凸函数，且二次可微，则其二阶导数矩阵对称，即：

$$\frac{\partial y_i^*(p,\ w,\ z)}{\partial p_j}=\frac{\partial y_j^*(p,\ w,\ z)}{\partial p_i} \qquad (4-11)$$

因此，产出方程是对称的。

在实证研究中，首先应设定一个灵活的利润函数形式，得到农产品产出供给和要素需求之间的对应关系，然后对农产品产出和要素价格求一阶导数，可以求出产品的供给方程和要素的需求方程，同时可以分析不同产品和要素之间投入产出关系。

## 4.2 实证模型设定和数据检验

### 4.2.1 模型设定

由于近几年研究者多将农业看作多投入和多产出的部门（Ball，2003），并且农户为规避市场风险，往往会在拥有的土地上种植多种农作物，因此本书使用多投入多产出的利润函数模型。为了分析的方便，本书选用 Diewert（1987）提出的标准化二次利润函数研究我国粮食生产中各投入、产出因素之间的关系。

利润函数形式为：

$$\Pi^*=\Pi/p_m=\alpha_0+\sum_{i=1}^{m-1}\alpha_i p_i^*+\sum_{i=m+1}^{n}\beta_i z_i+\frac{1}{2}\sum_{i=1}^{m-1}\sum_{j=1}^{m-1}\alpha_{ij}p_i^* p_j^*$$

$$+\frac{1}{2}\sum_{i=m+1}^{n}\sum_{j=m+1}^{n}\beta_{ij}z_i z_j+\sum_{i=1}^{m-1}\sum_{j=m+1}^{n}\gamma_{ij}p_i^* z_j \qquad (4-12)$$

式（4-12）中，$i,\ j=1,\ 2,\ \cdots,\ m$，$\alpha_{ij}=\alpha_{ji}$。$p_i$ 表示农产品价格和投入要素价格，将第 $m$ 种要素价格作为一般等价物，将其他产品和要素价格的利润标准化。$\Pi^*$ 表标准化的利润，$p_i^*$ 表标准化的产出和投入价格，$z$ 代表不能分配的固定投入，$\alpha$、$\beta$、$\gamma$ 为相关参数。标准化的二次利润函数可以看做是一般 Mcfadden 函数形式的特例，有以下优点：

第一，函数形式比较灵活，不需要对生产技术强加太多限制条件；

第二，产出方程与价格是简单线性关系；

第三，具有自对偶（self-dual）性质。

给定上述形式，根据霍特林引理可以推导出产出方程和投入方程，产出供给方程和投入方程为：

$$q_i^{max} = \frac{\partial \Pi^*}{\partial p_i^*} = \alpha_i + \sum_{j=1}^{m-1} \alpha_{ij} p_i^* + \sum_{j=m+1}^{n} \gamma_{ij} z_j \qquad (4-13)$$

其中，$\forall i = 1, 2, \cdots, m-1$，$q_i^{max}$ 为利润最大化时农产品产量。

模型使用迭代似不相关回归模型 SUR（Seemingly Unrelated Regressions），联合估计利润函数推导出的产出供给、投入需求中的参数，并通过参数计算农产品产出的自价格弹性和交叉价格弹性。

## 4.2.2 指标选取

本书主要研究稻谷、小麦、玉米、大豆四种粮食作物的供给。在我国，种子、化肥、劳动力是农产品生产最重要的投入要素，对种子、化肥所代表农业技术因素对农产品单位产量增长起到不可替代的作用，而劳动力也已经成为农业生产最大的投入之一。因此将种子价格、化肥价格、劳动力价格作为生产投入要素加入利润函数中。这里把劳动力价格作为一般等价物。将灌溉、技术、政策作为固定投入，灌溉变量采用该地区有效灌溉面积占总播种面积的比率表示，技术变量使用时间趋势表示，政策变量将 2004 年之前用 0 表示，2004 年及 2004 年后用 1 表示。

## 4.2.3 数据来源

本书对我国主要种植的水稻、玉米、小麦、大豆四种农产品进行研究，使用 1984—2016 年的省级面板数据，共涉及全国 28 个省市区，其中重庆、海南数据分别并入四川、广东数据中（西藏、香港、澳门、台湾由于数据缺失不予研究），资料来源包括《中国统计年鉴》《中国农村统计年鉴》《新中国农业 60 年统计数据》《全国农产品成本收益数据汇编》。统计数据包括稻谷、小麦、玉米、大豆的净利润、价格和产量，化肥、种子价格和用量，劳动力价格等（表 4-1）。

**表 4-1 投入产出要素描述性统计**

| | 单位 | 平均值 | 标准差 | 最小值 | 最大值 |
|---|---|---|---|---|---|
| 稻谷利润 | 元 | 166.93 | 156.53 | −389.68 | 952.94 |
| 小麦利润 | 元 | 30.35 | 98.00 | −551.85 | 391.59 |
| 玉米利润 | 元 | 69.98 | 142.67 | −915.55 | 564.45 |
| 大豆利润 | 元 | 42.61 | 87.26 | −278.16 | 480.82 |
| 稻谷价格 | 元/50 千克 | 60.60 | 46.01 | 15.47 | 159.91 |
| 小麦价格 | 元/50 千克 | 43.69 | 39.39 | 11.45 | 164.70 |
| 玉米价格 | 元/50 千克 | 44.57 | 35.25 | 12.30 | 131.63 |
| 大豆价格 | 元/50 千克 | 58.72 | 76.35 | 2.00 | 275.24 |
| 种子价格 | 元/千克 | 7.38 | 8.60 | 0.25 | 53.44 |
| 化肥价格 | 元/千克 | 3.16 | 1.90 | 0.16 | 6.84 |
| 劳动力价格 | 元/天 | 19.95 | 24.09 | 1.50 | 81.40 |
| 稻谷产量 | 万吨 | 714.76 | 748.65 | 0.10 | 2 644.80 |
| 小麦产量 | 万吨 | 399.73 | 608.50 | 0.10 | 3 501.00 |
| 玉米产量 | 万吨 | 507.99 | 589.60 | 0.20 | 3 544.10 |
| 大豆产量 | 万吨 | 51.88 | 90.67 | 0.40 | 652.50 |
| 种子用量 | 千克 | 7.06 | 3.54 | 1.02 | 17.93 |
| 化肥用量 | 千克 | 24.68 | 12.53 | 7.64 | 83.99 |
| 有效灌溉率 | — | 0.42 | 0.22 | 0.08 | 1.88 |
| 技术进步 | — | 1 999.74 | 9.67 | 1 984 | 2 016 |
| 政策变量 | — | 0.39 | 0.50 | 0 | 1 |

## 4.3 粮食利润函数供给反应模型估计结果

方程组中产出为 4 种，可变投入要素 3 种，固定投入为 3 种，建立农产品供给方程、要素投入需求方程和利润方程。运用 STATA13.0 统计软件对面板数据利润函数模型进行估计，部分计算结果见表 4-2。

**表 4 - 2　利润函数模型估计结果**

| 价格变量 | 农产品供给系统方程 | | | | 要素需求系统方程 | |
|---|---|---|---|---|---|---|
| | 稻谷 | 小麦 | 玉米 | 大豆 | 种子 | 化肥 |
| 稻谷 | 25.90*** | | | | | |
| | (3.8) | | | | | |
| 小麦 | −10.94*** | 52.55*** | | | | |
| | (−2.66) | (10.11) | | | | |
| 玉米 | −20.69*** | −2.525 | 45.43*** | | | |
| | (−5.00) | (−0.57) | (7.08) | | | |
| 大豆 | −3.661*** | 6.709*** | −7.292*** | 1.033 | | |
| | (−2.69) | (5.01) | (4.76) | (1.51) | | |
| 种子 | 0.262** | 0.071 8 | −0.477** | 0.06 | −10.90*** | |
| | (2.01) | (0.47) | (−2.30) | (0.92) | (−5.05) | |
| 化肥 | 0.383*** | −0.338*** | −0.409*** | −0.242*** | 2.886** | −68.03*** |
| | (5.48) | (−3.95) | (−3.46) | (−6.93) | (2.29) | (−31.80) |
| 其他变量 | 略 | 略 | 略 | 略 | 略 | 略 |
| Con - | −4 569.9 | −45 371.5*** | −45 965.1*** | −7 591.0*** | 316.9 | 2 619.4*** |
| | (−0.40) | (−4.90) | (−5.32) | (−2.84) | (1.34) | (21.43) |
| $R^2$ | 0.134 | 0.133 | 0.148 | 0.046 | 0.133 | 0.706 |

注：括号中为回归参数的 $T$ 统计量；***，** 和 * 是在 1%，5%，和 10% 水平下显著。

由于 $\alpha_{ij}=\alpha_{ji}$，为便于观察，模型结果只保留一半，本章主要讨论可变要素对产出的影响，从估计结果看，稻谷、小麦、玉米产出的自身系数都具有显著性，系数为正数。对于稻谷、小麦、玉米产出来说，当自身价格上涨，其产出的数量增加；对于要素需求，种子、化肥价格上涨，会引起需求量的下降。从交叉价格系数看，稻谷与小麦、稻谷与玉米、稻谷与大豆以及玉米和大豆之间都存在相互替代的关系，而小麦和大豆之间存在互补的关系。化肥价格的提高会使小麦、玉米和大豆产出的下降。而种子价格和化肥价格的提高会增加稻谷的产量，这与实际经验不符，其可能的原因是当地区内种子价格和化肥价格增长时，稻谷相对于其他作物收益较多，农民种植稻谷较多，致使稻谷产量增长，但由于使用的种子价格和化肥价格为不同地区各作物平均种子价格和化肥价格，而产出为各作物产出数据，可能会存在统计上的偏差。

从产出供给和投入需求弹性结果（表4-3）中发现，玉米、水稻、大豆、小麦的自价格弹性都为正，即粮食自身价格提高时，会促进粮食产量的增长。其中，小麦自价格弹性最高为0.654，其次为玉米0.409，大豆自价格弹性最低为0.157。小麦和大豆之间交叉价格弹性为正，可能与在很多地区小麦是冬小麦、与大豆种植不存在替代性有关。其他交叉价格弹性都为负值，即这些作物之间存在替代关系。对于化肥、种子这两种可变要素投入，农户要素投入的自价格弹性为负，意味着投入要素的价格增加，投入品的数量会减少。模型估计结果中粮食价格与投入要素的交叉价格弹性并不理想，粮食价格增长投入品投入量反而下降，其可能是模型或数据本身的原因，但也可能是现实存在的情况。像其他结果一样，这些弹性必须借鉴其他研究，在数据的限制以及模型和参数的限制下进行观测。与李强等（2007），Carlos等（2007）等运用利润函数模型估计农产品供给反应的文献对比，可以发现本书的研究结论基本与前人研究结果类似，农产品及投入要素的自价格弹性和交叉价格弹性基本符合研究假设，因此基本可以判断使用利润函数法研究我国粮食供给反应的方法是可行的，研究结果可以为粮食供给情况分析提供一定参考。

表4-3　产出供给和投入需求弹性结果

|  | 稻谷价格 | 小麦价格 | 玉米价格 | 大豆价格 | 种子价格 | 化肥价格 |
|---|---|---|---|---|---|---|
| 稻谷产量 | 0.221 | −0.076 | −0.131 | −0.033 | 0.000 | 0.000 |
| 小麦产量 | −0.169 | 0.654 | −0.029 | 0.109 | 0.000 | −0.000 |
| 玉米产量 | −0.252 | −0.025 | 0.409 | −0.093 | −0.000 | −0.000 |
| 大豆产量 | −0.528 | 0.781 | −0.777 | 0.157 | 0.001 | −0.001 |
| 种子投入量 | 0.230 | 0.051 | −0.310 | 0.055 | −0.717 | 0.108 |
| 化肥投入量 | 0.096 | −0.069 | −0.076 | −0.064 | 0.054 | −0.729 |

## 4.4　本章小节

本章运用利润函数研究了我国粮食的供给反应，估计了产出供给方程、投入需求方程，测算了稻谷、小麦、玉米、大豆粮食作物产出的自价格弹性和交叉价格弹性，并分析了投入要素种子、化肥变化对四种粮食作物产出的影响。研究发现，水稻、小麦、玉米三种作物，当自身价格上涨，其产出的数量增加；稻谷与小麦、稻谷与玉米、稻谷与大豆以及玉米和大豆之间都存在相互替代的关系，而小麦和大豆之间存在互补的关系。化肥价格的提高会使小麦、玉米和大豆的产出下降，但是会促进稻谷产出增加。

　　具体来说，各粮食品种自价格弹性中，小麦最高为 0.654，其次为玉米 0.409，大豆自价格弹性最低为 0.157。小麦和大豆之间交叉价格弹性为正，可能与在很多地区小麦是冬小麦、与大豆种植不存在替代性有关。其他交叉价格弹性都为负值，即这些作物之间存在替代关系。化肥、种子两种可变要素投入的自价格弹性都为负，意味着投入要素的价格增加，投入品的数量会减少；投入品与产出的交叉价格弹性有正有负，可能与各地区农业生产情况有关。因此为了保障粮食稳定供给，应关注各粮食品种相对价格，加强对粮食生产要素价格的监控，通过对粮食品种之间相对价格的调整改变粮食产量，从而实现粮食供给侧结构调整的目的。

# 第5章 粮食动态供给反应模型构建

　　农业供给反应是了解价格杠杆对农产品发挥作用机制的基础理论，反映农产品的产出对价格和其他影响因素变化的反应，农业产出数量、结构、规模会根据产品价格和投入品价格进行调整，以实现利润最大化。供给弹性表现出农产品供给对其产品价格调整的速度和幅度，产出弹性可以衡量外部环境变化对农产品供给的影响程度，因此对于政策制定者来说非常重要（司伟等，2006）。目前构建供给反应模型的方法主要有两种（Sadoulet et al.，1995）。一是如第四章模型构建方法，根据利润最大化假设构建生产函数或利润函数，利用霍特林引理推导出要素需求方程和产品供给方程，计算产品价格、要素价格、技术等生产决定性因素的变动对农业生产的影响。这种研究方法起步较早，发展较为成熟，采用的是静态供给反应模型（例如 Diewert et al.，1987；Chambers et al.，1989；Arnade et al.，2007）。二是在静态供给反应模型的基础上，假设农民会根据对价格的预期做出生产决策，并且当农产品价格变动时农民可能会用几年的时间调整到理想的生产模式，进而在供给反应模型中引入滞后因变量和适应性预期的价格变量，使得模型具有动态性。动态供给反应模型可以从更深层次显示其对价格信号的反应，从产量、面积、单产等农产品产出的角度分析市场价格变化对产出的影响，并能准确地求出其他影响因素的产出弹性。因此，在近年来动态供给反应模型比生产函数或利润函数推导的供给反应模型具有更广泛的应用。

　　一般来说，动态供给反应模型由两部分构成，即局部调整模型和适应性预期模型。局部调整模型即假设当生产和市场环境发生变化时，农户因其受生产习惯、生产规模、资本和技术等多种因素的制约，无法迅速地对外部冲击做出反应，因此农户对生产的调整有一定的滞后性，即农户生产是一个不断调整的动态过程。适应性预期模型即农民根据过去的信息对未来农产品价格进行预期的形式。在农产品供给反应研究中，有效识别价格预期形式是供给反应分析的主要挑战。农民如何形成价格预期是不确定的，研究者根据种植决策中农民使用可获得信息的方式提出不同的假设，最常见的包括幼稚性预期、适应性预期、期货价格、有效支持价格、理性预期模式以及其他将市场价格和供给价格综合考虑等多种模式（Elisabeth et al.，1995）。本书主要考察比较常见的幼稚性预期、适应性预期、理性预期几种价格预期形式，构建 Nerlove 供给反应模型。

## 5.1　模型指标构建

一般来说，在经验主义估计的情况下，农民决策过程由两阶段构成（Colman et al.，1983；Arnade et al.，2007；Brockhaus et al.，2015）。首先是面积决策模型，农民会将过去已知的因素作为选择作物类型、决定作物面积的基础，如基础设施、自然条件、上一期作物价格等。其次是产量决策模型，在播种后，他们会通过产品价格、天气或投入品价格等因素调整耕作管理行为达到高产，因此农作物总产量供给分析是农民面积决策与产量决策的结合。本书首先分别对影响粮食播种面积与单位面积产量变动的各类因素进行分析，然后利用所得到的结果确定这些因素对农作物总产量的影响。两阶段分析法可以更详细地显示要素对总产量影响的路径，是农业决策本身的性质决定的（Arnade et al.，2007；Brockhaus et al.，2015）。如化肥施用量对农作物产量有显著的正效应，通过影响农作物单产进而影响总产量（王祖力等，2008），使用单位产量对施肥量进行回归分析，可以剔除播种面积变动所引起的估计偏误（陈飞等，2010）。另外，影响播种面积与影响单位面积产量的要素是不同的，例如在播种前，农民会依赖之前所得到信息决定播种面积，而单位面积产量则会受到生产期间内外部因素的影响，分阶段考虑会使影响因素选择更加有效。由于我国耕地面积增长的可能性微乎其微，研究影响单位面积产量的各类因素更具有现实意义。

### 5.1.1　基于播种面积的动态供给反应模型

本书借鉴 Nerlove 等（2001）的方法建立粮食播种面积动态供给反应

模型。假设农民会根据预期价格以及有效灌溉面积等因素调整粮食种植面积，并逐渐向合理的粮食种植规模调整。

$$A_{it}^d = \alpha_0 + \alpha_1 P_{it}^e + \alpha_2 Z_{it} + \varepsilon_{1it} \qquad (5-1)$$

式中 $A_{it}^d$ 表示作物 $i$ 在 $t$ 时期农民合理的种植面积，$P_{it}^e$ 是作物 $i$ 的预期价格，$Z_{it}$ 代表其他决策变量向量，包括农业基础设施、化肥价格、自然条件、所面临风险等因素，$\varepsilon_{1it}$ 是误差项，服从于 $N(0, \sigma_{\varepsilon_1}^2)$。

在现实生产中，由于农民决策会受到土地面积、资金的限制，并且农民会通过种植多种作物分担风险，因此在一个时期内，农民将某一种农作物种植面积调整到理想水平是不可能的。借鉴 Nerlove（2001）种植面积变量处理方法，假设农民 $t$ 时期作物 $i$ 的种植面积与 $t-1$ 时期该作物的种植面积有一定相关性。

$$A_{it} = A_{i(t-1)} + \gamma(A_{it}^d - A_{i(t-1)}) + \varepsilon_{2it} \qquad 0 < \gamma \leqslant 1 \qquad (5-2)$$

式中，$A_{it}$ 是作物 $i$ 在 $t$ 时期的种植面积，$A_{i(t-1)}$ 是 $t-1$ 期的种植面积，$A_{it}^d$ 是 $t$ 时期农民希望达到的土地面积，$\varepsilon_{2it}$ 代表随机冲击，$\varepsilon_{2it}$ 服从于 $N(0, \sigma_{\varepsilon_2}^2)$，$\gamma$ 是调整系数。对式（5-1）和式（5-2）整理得：

$$A_{it} = \theta_0 + \theta_1 A_{i(t-1)} + \theta_2 P_{it}^e + \theta_3 Z_{it} + e_{it} \qquad (5-3)$$

式中，$\theta_0 = \gamma\alpha_0$；$\theta_1 = 1-\gamma$；$\theta_2 = \gamma\alpha_1$；$\theta_3 = \gamma\alpha_2$；$e_{it} = \gamma\varepsilon_{1it} + \varepsilon_{2it}$。

对（5-3）式中所有变量取对数[①]，可计算出播种面积对各变量的短期弹性 $\theta_2$、$\theta_3$ 和长期弹性 $\dfrac{\theta_2}{1-\theta_1}$、$\dfrac{\theta_3}{1-\theta_1}$。

### 5.1.2 基于单位面积产量的动态供给反应模型

使用与播种面积模型相同的分析方法，将上述模型种植面积 $A_{it}$ 替换成单位面积产量 $Y_{it}$，得到单位面积产量响应模型，可测出短期单位面积产量弹性和长期单位面积产量弹性。

$$Y_{it}^d = \alpha_0' + \alpha_1' P_{it}^e + \alpha_2' Z_{it}' + \varepsilon_{1it}' \qquad (5-4)$$
$$Y_{it} = Y_{i(t-1)} + \gamma'(Y_{it}^d - Y_{i(t-1)}) + \varepsilon_{2it}' \qquad (5-5)$$

---

① 本书的利润是由各作物总收入减去总成本得来。由于部分年份种地是亏损的，因此利润存在负值。调研中发现，农民在计算利润时很少会计算家庭用工成本，因此可以将家庭用工成本从成本中去掉，同时这样的好处也使几乎所有的利润都成为正值，方便了后文的弹性计算。

$$Y_{it} = \theta_0' + \theta_1' Y_{i(t-1)} + \theta_2' P_{it}^e + \theta_3' Z_{it}' + e_{it}' \qquad (5-6)$$

式中，$\theta_0' = \gamma' \alpha_0'$；$\theta_1' = 1 - \gamma'$；$\theta_2' = \gamma' \alpha_1'$；$\theta_3' = \gamma' \alpha_2'$；$e_{it}' = \gamma' \varepsilon_{1it}' + \varepsilon_{2it}$。

同样先对式（5-6）所有变量取对数，可计算出单位面积产量对各变量的短期弹性 $\theta_2'$、$\theta_3'$ 和长期弹性 $\dfrac{\theta_2'}{1-\theta_1'}$、$\dfrac{\theta_3'}{1-\theta_1'}$。

## 5.1.3　模型指标选取

基于农民的生产行为，我们主要关注对播种面积和产量有较大影响的市场价格、基础设施、天气和风险等因素。

**1. 农业基础设施存量**

农业基础设施存量使用有效灌溉面积 $I_{it}$ 来表示。中国耕地广袤，很多地区还是靠天吃饭，能否灌溉对农业生产有很大影响，当灌溉面积增加，农民可能会选择非旱田作物来提高收益，而灌溉也能提高干旱地区粮食的单位面积产量。本研究也尝试将农机总动力作为农业资本存量指标，但由于不同作物农机使用量无法统计，指标在各作物供给反应模型中表现都不理想，因此决定放弃这一指标。

**2. 化肥价格**

在我国，化肥施用对粮食单位产量增长起到不可替代的作用，因此将化肥价格 $F_{it}$ 作为生产物质费用的代表加入模型中。化肥价格上涨可能会提高种植的成本，抑制作物的种植面积，但对化肥施用量较少的作物情况可能相反。当粮食价格上涨或农民得到一定政策补贴时，化肥施用量也会增加。

**3. 自然环境**

自然环境因素使用播种前及种植期间的降水量 $R_{it}$ 和温度 $TM_{it}$ 来表示，在播种面积模型中使用粮食作物播种前 5 个月的月平均降水量和月平均温度，在单位面积产量模型中使用粮食作物种植期内的月平均降水量和月平均温度。由于各地区不同粮食种植时间不同，在播种面积和单位面积产量模型中降水量和温度所选取的时间阶段有一定差异，如小麦单位面积产量模型中，对于春小麦种植地区选择当年 4—10 月的数据，对于冬小麦种植地区选择本年 9 月到来年 4 月的数据。不同粮食作物对雨水的需求不同，降水量对粮食作物产量的影响程度也不同。

### 4. 风险

种植中存在的风险主要考虑价格风险 $PR_{it}$ 和自然风险 $NR_{it}$ 两种，价格风险由过去 3 年趋势差价的变异系数表示，表现价格的波动程度。自然风险在播种面积模型中使用上一年受灾面积与总播种面积的比值表示，在单位面积产量模型中使用当年的受灾面积与总播种面积的比值表示。

### 5. 时间趋势

本书还引入时间变量 $T_{it}$，用年份表示，表现技术进步及资源禀赋对粮食播种面积及单位面积产量的影响。

### 6. 政策虚拟变量

自 2004 年起，国家全面调整农业政策，在全国范围内取消了农业税，实行综合性收入补贴（粮食直补和农业生产资料综合补贴）和专项性生产补贴（良种补贴和农机具购置补贴），并在随后的几年里实施农产品价格支持、推进高标准农田建设、促进土地适度规模经营以及培育新型农业经营主体等措施。一方面，价格支持政策及分品种粮食作物专项补贴政策的效果可以由政策调整前后生产利润对农产品供给影响程度的变化来体现；另一方面，农业政策中不能由利润反映其效果但对主要作物产量有影响的因素，例如具有普惠性质的农业补贴、土地流转、新型农业经营主体培育、公共服务性投资等，可以通过设置政策虚拟变量 $PD_{it}$ 来表示：以2004 年作为时间节点，将 1980—2003 年划分为第一个阶段，即 $t<2004$，$PD_{it}=0$；将 2004—2016 年划分为第二个阶段，即时 $t\geqslant2004$，$PD_{it}=1$。本书使用政策虚拟变量与其他解释变量的交乘项（简称"交乘项"）表示政策调整前后各变量对播种面积、单位面积产量影响的变化。

提出假设：

（1）预期价格对产量存在正影响。

（2）化肥价格通常对产量有负影响，对一些化肥用量相对较少的作物来说，高化肥价格也许会刺激这些作物的种植。

（3）灌溉一般来说对产量有积极影响，灌溉面积增加也许会减少旱地作物种植。

（4）降水量对产量有积极影响，温度过高对干旱地区可能造成单位面积产量下降。

（5）价格风险对产量有消极影响，但是由于我国对主要粮食价格控制导致价格相对稳定，也许价格风险对我国主要粮食影响是不显著的。

（6）自然风险对产量有消极影响。

## 5.1.4　数据来源

本书对水稻、玉米、小麦、大豆、花生、油菜籽、棉花、甘蔗、甜菜共 9 种主要农产品进行研究，使用 1980—2016 年的省级面板数据，共涉及全国 28 个省市区（重庆、海南数据分别并入四川省和广东省，西藏、香港、澳门、台湾的数据缺失不予研究），统计数据中播种面积、单位面积产量、有效灌溉面积、化肥价格、受灾面积来源于《中国统计年鉴》《中国农村统计年鉴》《新中国农业 60 年统计资料》，价格、净利润来源于《全国农产品成本收益资料汇编》，降水量、温度来源于中国气象科学数据共享服务网（表 5 - 1）。考虑不同地区多种作物之间的替代关系，如黑龙江、吉林等地油料作物大豆与玉米、小麦有很强的替代关系，在新疆棉花也是重要的农作物，在云南也出现过烟粮争地问题，因此尽可能根据各地区实际情况，真实地反映粮食作物、经济作物、油料作物生产中的替代性，减少模型结果的偏差。

每种作物都建立一个面板数据集，各主产省份产量作为因变量，数据共包括 1979—2016 年的 21 个省份的小麦观测值 708 个、23 个省份的水稻观测值 624 个、21 个省份的玉米观测值 658 个、13 个省份的大豆观测值 392 个。

### 表 5 - 1　模型使用数据概述

| 指标名称 | 数据来源 | 统计范围 | 时间频度 | 模型指标处理方式 |
| --- | --- | --- | --- | --- |
| 播种面积 | 中国农村统计年鉴、中国农村统计年鉴 | 省 | 年 | 取对数 |
| 单位面积产量 | 中国农村统计年鉴、中国农村统计年鉴 | 省 | 年 | 取对数 |
| 预期价格 | 全国农产品成本收益数据汇编 | 省 | 年 | 以预期方式为准 |

（续）

| 指标名称 | 数据来源 | 统计范围 | 时间频度 | 模型指标处理方式 |
|---|---|---|---|---|
| 价格风险 | 全国农产品成本收益资料汇编 | 省 | 年 | 计算过去三年趋势差价变异系数后取对数后 |
| 有效灌溉率 | 中国农村统计年鉴 | 省 | 年 | 有效灌溉面积除以总播种面积后取对数 |
| 化肥价格 | 全国农产品成本收益资料汇编 | 省 | 年 | 每亩化肥金额比每亩化肥用量后对生产资料价格指数平减后取对数 |
| 降水量 | 中国气象科学数据共享服务网 | 省 | 月 | 根据不同省份不同作物种植时间不同，计算种植前5个月和种植期间月平均降水量后取对数 |
| 温度 | 中国气象科学数据共享服务网 | 省 | 月 | 根据不同省份不同作物种植时间不同，计算种植前5个月和种植期间月平均温度后取对数 |
| 受灾率 | 中国农村统计年鉴 | 省 | 年 | 受灾面积除以总播种面积后取对数 |

将不同地区不同年份各指标的计算资料代入到式（5-3）和式（5-6）中，运用简化的误差分量模型，对于作物 $i$ 则有：

$$y_{is,t} = \delta y_{is,t-1} + X_{is,t}\beta + \mu_{is} + v_{is,t} \quad s=1, \cdots, S; \ t=1, \cdots, T$$

$$(5-7)$$

式中 $\mu_{is}$ 服从于 $N(0, \sigma_\mu^2)$；$E(\mu_{is}\mu_{ir}) = E(v_{is}v_{ir}) = 0$，$s \neq r$；$E(\mu_{is}v_{ir}) = 0$，$s \neq r$；$y_{is,t}$ 代表作物 $i$ 在 $s$ 地区 $t$ 时期的种植面积；$X_{is,t}$ 代表作物 $i$ 在 $s$ 地区 $t$ 时期的各指标值；$\mu_{is}$ 是常数项；$v_{is,t}$ 是残差项。运用 Arellano and Bond（1991）一阶稳健估计，并根据系数计算各品种粮食作物面积及产量供给反应的短期弹性和长期弹性。

## 5.2 价格预期方式选择

许多学者基于农户的理性假设对粮食的生产反应进行研究，但由于农民生产决策的复杂性，很难掌握决定生产的所有因素和决策过程，所以一般把价格预期作为影响农民生产决策最主要的因素（蒋乃华，1988；范垄基等，2012；林大燕等，2015）。国内外学者价格预期形式主要有三类：幼稚性价格预期、适应性价格预期和理性价格预期，其中最常见的为幼稚性价格预期。

## 5.2.1 幼稚性价格预期

幼稚性价格预期模型（Naive Model）最早是由 Ezekiel（1938）提出。模型假定农户不存在学习过程，只是简单地利用上年的市场价格 $P_{t-1}$ 来进行生产决策。其主要来源于蛛网理论，在完全竞争市场中，农产品当期价格由当期供给量决定，而当期供给量又由上一期市场价格决定，即粮食供给受生产周期的限制较大，粮食价格对粮食产量的调整只能在下一个生产周期进行。由于大部分农产品具有典型的蛛网发散特征，即供给弹性相对较大、需求弹性相对稳定，具体表现为一旦农产品的市场价格偏离均衡价格，农产品供给将会产生剧烈波动（孙礼照等，1990）。根据这个假定，幼稚性预期价格的基本形式：

$$P_t^e = P_{t-1} \qquad\qquad (5-8)$$

在动态供给反应模型估计中，借鉴 Kanwar 等（2008）的处理方法，对于第 $i$ 种作物，假定农户只是简单地利用上年的市场价格 $P_{i(t-1)}$ 来进行生产决策。农民在选择作物时，会同时考虑可替代作物，根据不同省份地理位置及所种作物不同选取主要替代作物 $j$ 和 $k$，找到作物 $P_{j(t-1)}$、$P_{k(t-1)}$ 的值，再得出相对价格[①]：

$$P_{i(t-1)}^r = P_{i(t-1)} \Big/ \frac{1}{2}(P_{j(t-1)} + P_{k(t-1)}) \qquad (5-9)$$

替代作物选择的依据是种植时间、种植地区以及种植条件，如在一年两熟和两年三熟的地区，大部分种植的是冬小麦，同期的种植作物是油菜籽，因此这些地区小麦的替代作物为油菜籽。而黑龙江、吉林、辽宁、青海、宁夏、新疆主要是一年一季，因此这些地区所有作物都存在替代关

---

[①] 例如长城以南的区域种植小麦大多为冬小麦，与其同期种植数据可查的作物只有油菜籽。部分地区重要的作物并没有替代作物或其替代作物资料无法统计，例如山东、山西的冬小麦以及浙江、湖南的油菜籽同期作物是蔬菜及小杂粮，这部分内容不在本章的研究范围。

系，这时替代作物选择主要依据播种面积的大小及种植条件，如黑龙江小麦的替代作物我们选择玉米和大豆。本研究通过查阅资料及实地调研确定各地区替代作物，尽量真实地反映各地区实际播种情况。

根据局部调整模型 $A_{it}$ 是作物 $i$ 在 $t$ 时期的种植面积，$A_{i(t-1)}$ 是 $t-1$ 期的种植面积，$A_{it}^d$ 是 $t$ 时期农民希望达到的土地面积，而 $\varepsilon_{2it}$ 代表随机冲击，因此 $\varepsilon_{2it}$ 服从于 $N(0, \sigma_{\varepsilon_2}^2)$，$\gamma$ 是调整系数。整理得：

$$A_{it} = \theta_0 + \theta_1 A_{i(t-1)} + \theta_2 P_{i(t-1)}^r + \theta_3 Z_{it} + e_{it} \qquad (5-10)$$

对所有变量取对数，可计算出播种面积对各变量的短期弹性 $\theta_2$、$\theta_3$ 和长期弹性 $\frac{\theta_2}{1-\theta_1}$、$\frac{\theta_3}{1-\theta_1}$。

相应的，使用相同的分析方法，将上述模型种植面积 $A_{it}$ 替换成单位面积产量 $Y_{it}$，得到单位面积产量响应模型。

$$Y_{it} = \theta_0' + \theta_1' Y_{i(t-1)} + \theta_2' P_{i(t-1)}^r + \theta_3' Z_{it}' + e_{it}' \qquad (5-11)$$

同样可计算出单位面积产量的短期弹性和长期弹性。

本研究运用 Arellano 和 Bond（1991）提出的一阶差分 GMM 方法对动态供给反应模型进行估计，并根据系数估计值计算播种面积及单位面积产量对各变量的短期弹性和长期弹性[①]。所有粮食作物播种面积模型和单位面积产量模型的 Wald 检验都拒绝了参数为 0 的原假设，表明模型设定较为合理。在 Arellano-Bond 二阶残差自相关检验中，玉米单位面积产量方程加入滞后二阶因变量，以解决原模型中的二阶残差自相关问题，系数和 $T$ 值分别为 0.216\*\*\*（4.61）。其余作物的播种面积模型和单位面积产量模型都不能拒绝二阶残差自相关为零的原假设。

我国大部分作物种植面积调整系数 $\gamma$ 值都非常小（表 5-4），调整周期长短与农民种植习惯、农作物生长习性以及政策有关。小麦的调整系数最小为 0.017，当遇到一个冲击时，小麦播种面积调整难度较大，调整难度与农民种植习惯、农作物生长习性和政策有关。小麦的调整系数小，主要是因为：①它是主要粮食作物，政府对小麦实施最低收购价政策和补贴政策，农民对小麦利润的预期比较稳定；②小麦种植地区主要是河南、山

---

① 本书没有考虑地区之间的影响，虽然相邻省份种植影响很大。

东等粮食主产区，播种面积大且集中，调整空间有限；③多数地区种植的小麦是冬小麦，替代作物十分有限，且冬小麦主产区农民种植习惯不易发生变化，种植结构也不易发生变化。

**1. 播种面积模型估计结果**

在播种面积方程（表5-2）中，对政策虚拟变量以及政策虚拟变量与各变量的交乘项的统计检验结果表明，所有粮食作物播种面积模型都拒绝截距、斜率相同的原假设，即农业政策调整前后各变量对播种面积模型和单位面积产量的影响程度存在显著差异。

表5-2 **Arellano-Bond 动态面板模型估计结果——播种面积方程**（幼稚性价格预期）

| 变量 | 稻谷 | 小麦 | 玉米 | 大豆 |
|---|---|---|---|---|
| 滞后一期播种面积 $A_{i(t-1)}$ | 0.889*** | 0.983*** | 0.875*** | 0.872*** |
| | (53.55) | (35.72) | (34.72) | (27.46) |
| 幼稚性预期价格 $P_{i(t-1)}^r$ | 0.069*** | 0.095*** | 0.091*** | −0.008 |
| | (5.29) | (3.72) | (5.48) | (−0.16) |
| 灌溉面积 $I_{it}$ | 0.032* | −0.055 | 0.012 | 0.104** |
| | (1.81) | (−1.10) | (0.63) | (2.03) |
| 化肥价格 $F_{it}$ | 0.002 | 0.014 | −0.007 | 0.011 |
| | (0.25) | (1.11) | (−0.75) | (0.56) |
| 播种前降水量 $R_{it}$ | −0.008 | 0.03 | −0.008 | −0.008 |
| | (−1.06) | (1.38) | (−0.93) | (−0.28) |
| 播种前温度 $TM_{it}$ | 0.005 | 0.012 | 0.002 | −0.011* |
| | (0.93) | (0.99) | (0.54) | (−1.88) |
| 价格风险 $PR_{it}$ | 0.015** | 0.021*** | 0.015*** | −0.016** |
| | (2.23) | (3.16) | (3.73) | (−2.07) |
| 自然风险 $NR_{it}$ | −0.001 | −0.013 | −0.017** | 0.027 |
| | (−0.16) | (−1.24) | (−1.96) | (0.62) |
| 时间趋势 $T_{it}$ | −0.002* | −0.008*** | 0.002 | −0.002 |
| | (−1.70) | (−3.94) | (1.42) | (−0.81) |
| 政策虚拟变量 $PD_{it}$ | 3.169 | −15.038*** | 0.571 | −23.281** |
| | (1.01) | (−3.02) | (0.19) | (−2.45) |

（续）

| 变量 | 稻谷 | 小麦 | 玉米 | 大豆 |
|---|---|---|---|---|
| $PD_{it} \times P^r_{i(t-1)}$ | 0.037 | −0.103 | 0.032 | −0.186** |
| | (0.73) | (−1.39) | (1.09) | (−2.00) |
| $PD_{it} \times I_{it}$ | −0.022 | −0.002 | −0.015 | −0.176** |
| | (−1.20) | (−0.04) | (−0.64) | (−2.13) |
| $PD_{it} \times F_{it}$ | 0.074** | −0.002 | 0.001 | 0.177** |
| | (2.2) | (−0.05) | (0.04) | (2.07) |
| $PD_{it} \times R_{it}$ | −0.012* | 0.002 | −0.019** | 0.066** |
| | (−1.74) | (0.1) | (−2.46) | (2.24) |
| $PD_{it} \times TM_{it}$ | −0.01 | 0.035* | 0.024** | 0.024 |
| | (−1.04) | (1.95) | (2.09) | (0.53) |
| $PD_{it} \times PR_{it}$ | −0.001 | −0.031 | −0.003 | 0.026 |
| | (−0.05) | (−0.81) | (−0.27) | (0.58) |
| $PD_{it} \times NR_{it}$ | −0.003*** | 0.002 | −0.003** | 0.006 |
| | (−3.22) | (0.36) | (−1.97) | (1.54) |
| $PD_{it} \times T_{it}$ | −0.001 | 0.008*** | 0 | 0.012** |
| | (−0.89) | (3.04) | (−0.18) | (2.45) |
| $Constant$ | 5.327** | 16.451*** | −2.64 | 5.386 |
| | (2.02) | (3.78) | (−1.07) | (0.96) |
| $N$ | 589 | 341 | 589 | 310 |
| $Wald\chi^2$ | 2.78e+08 | 6.42e+10 | 57 888.10 | 690.76 |
| $P$ 值（1） | 0.000 0 | 0.000 0 | 0.000 0 | 0.000 0 |
| $P$ 值（2） | 0.000 0 | 0.004 5 | 0.000 0 | 0.000 0 |
| $ABz$ 值 | 0.021 7 | 0.154 5 | 0.001 3 | 0.019 8 |
| $P$ 值 | 0.219 4 | 0.916 5 | 0.050 1 | 0.185 1 |

注：播种前降水量为播种前 5 个月平均降水量，播种前温度为播种前 5 个月平均温度；***、**、*是在 1%、5%、10%水平下显著；$P$ 值（1）是政策虚拟变量以及政策虚拟变量与其他变量的交乘项系数都为 0 的概率，$P$ 值（2）是政策虚拟变量与其他变量的交乘项系数都为 0 的概率；$z$ 值是 Arellano-Bond 二阶自相关检验的统计量，$P$ 值为相应概率。

对所有粮食作物来说，滞后一期的播种面积都有非常强的正向影响，播种面积短期弹性都能达到 0.87 以上，滞后一期播种面积变量在所有作

物变量中 $T$ 值最高，也是唯一对所有作物都有强显著性的变量。可以看出上一期的播种面积是影响当期播种面积最重要的因素，农户由于种植经验、资源、技术等原因不会轻易更换种植品种，因此粮食供给具有刚性。

水稻、小麦、玉米滞后一期价格对播种面积影响在 1% 统计上是显著的，且都为正效应。其中小麦播种面积对价格的反应程度最大，其次为玉米。灌溉面积在模型中对稻谷和大豆的播种面积的影响是显著的，对小麦和玉米播种面积影响程度不大。降水量和温度在播种面积方程中表现并不突出。

价格风险对水稻、小麦、玉米播种面积的影响为正，对大豆播种面积的影响为负，价格的波动程度大反而对水稻、小麦、玉米播种面积是促进作用。而 2004 年前后价格风险对几乎所有作物播种面积都是积极显著的，这与本书假设是不同的。通过对价格风险与播种面积的相关性检验，发现符号与模型结果是一致的。价格波动促进播种面积增加，可能是由于我国对主要粮食作物调控力度较大，生产各环节比较稳定，价格波动有限，当价格波动时，反而会促进农民种粮行为。但随着我国经济体制改革的深入，农产品价格趋于市场化，价格波动幅度加大，可能会改变现有情况，抑制粮食生产发展。

时间变量对水稻、小麦播种面积影响是显著的，且均为负值，水稻、小麦播种面积对时间变量长期弹性为很大的负值，即随着时间变化，这些农作物种植面积在下降。

**2. 单位面积产量模型估计结果**

在单位面积产量响应方程（表 5 - 3）中，滞后一期的单产变量表现很突出，对所有作物都是显著的正影响，由于农民种植经验、地区气候环境以及种植技术等因素作物单位面积产量在短期内变动具有滞后性。

滞后一期价格变量在 10% 的水平下对所有作物的单产均有显著正影响，灌溉面积对水稻、玉米单位面积产量的影响极其显著。而同样作为水资源来源的降水量对玉米、大豆单产的影响也非常显著。化肥价格对玉米、大豆的单产有正影响，这与预期不符。自然风险对所有作物单产均有显著的负影响。

表 5－3　**Arellano-Bond 动态面板模型估计结果——单位**
**面积产量方程**（幼稚性价格预期）

| 变量 | 稻谷 | 小麦 | 玉米 | 大豆 |
|---|---|---|---|---|
| 滞后一期单产 $Y_{i(t-1)}$ | 0.462*** | 0.419*** | 0.282*** | 0.461*** |
| | (4.16) | (4.09) | (5.37) | (8.91) |
| 幼稚性预期价格 $P^r_{i(t-1)}$ | 0.121*** | 0.141*** | 0.093*** | 0.107* |
| | (6.36) | (4.73) | (3.58) | (1.77) |
| 灌溉面积 $I_{it}$ | 0.182*** | 0.05 | 0.096*** | 0.044 |
| | (3.43) | (1.04) | (2.6) | (0.54) |
| 化肥价格 $F_{it}$ | 0.015 | 0.023 | 0.055*** | 0.084*** |
| | (0.93) | (1.49) | (3.07) | (4.1) |
| 种植期间降水量 $R_{it}$ | −0.01 | 0.04 | 0.109*** | 0.208*** |
| | (−0.30) | (0.61) | (3.71) | (4.91) |
| 种植期间温度 $TM_{it}$ | 0.004 | −0.015 | −0.027* | −0.007 |
| | (0.44) | (−1.03) | (−1.95) | (−0.53) |
| 价格风险 $PR_{it}$ | −0.004 | 0.01 | −0.003 | −0.002 |
| | (−0.61) | (1.52) | (−0.45) | (−0.19) |
| 自然风险 $NR_{it}$ | −0.079*** | −0.088** | −0.155*** | −0.256*** |
| | (−5.66) | (−2.51) | (−5.48) | (−7.93) |
| 时间趋势 $T_{it}$ | 0.004 | 0.008*** | 0.003 | −0.001 |
| | (1.6) | (2.82) | (1.25) | (−0.24) |
| 政策虚拟变量 $PD_{it}$ | 14.797* | 9.66 | 6.941 | 20.617 |
| | (1.86) | (1.42) | (0.97) | (1.4) |
| $P^r_{i(t-1)} \times PD_{it}$ | 0.041 | −0.179* | −0.026 | 0.061 |
| | (0.58) | (−1.80) | (−0.58) | (0.54) |
| $I_{it} \times PD_{it}$ | −0.035 | −0.006 | −0.023 | 0.132 |
| | (−1.36) | (−0.10) | (−0.44) | (−1.41) |
| $F_{it} \times PD_{it}$ | 0.03 | 0.318*** | −0.115 | −0.223* |
| | (0.4) | (2.99) | (−1.60) | (−1.65) |
| $R_{it} \times PD_{it}$ | 0.014 | 0.08 | −0.045 | −0.136** |
| | (0.53) | (1.23) | (−1.36) | (−2.13) |
| $TM_{it} \times PD_{it}$ | 0.003 | −0.009 | 0.012 | 0.015 |
| | (0.64) | (−1.11) | (1.5) | (1.01) |

（续）

| 变量 | 稻谷 | 小麦 | 玉米 | 大豆 |
|---|---|---|---|---|
| $PR_{it} \times PD_{it}$ | $-0.002$ | $-0.027^{**}$ | $0.013$ | $-0.059^{***}$ |
| | $(-0.20)$ | $(-2.14)$ | $(1.64)$ | $(-2.73)$ |
| $NR_{it} \times PD_{it}$ | $0.037^{**}$ | $0.059$ | $0.095^{***}$ | $0.170^{***}$ |
| | $(2.53)$ | $(1.59)$ | $(3.58)$ | $(4.63)$ |
| $T_{it} \times PD_{it}$ | $-0.007^{*}$ | $-0.004$ | $-0.004$ | $-0.011$ |
| | $(-1.85)$ | $(-1.23)$ | $(-1.02)$ | $(-1.43)$ |
| $Constant$ | $-7.801$ | $-15.118^{***}$ | $-5.591$ | $2.158$ |
| | $(-1.41)$ | $(-2.16)$ | $(-1.10)$ | $(-0.21)$ |
| $N$ | 589 | 341 | 570 | 310 |
| $Wald\chi^2$ | 37 203.13 | 1 136.80 | 408 299.24 | 4 205.45 |
| $P$ 值（1） | 0.000 0 | 0.007 9 | 0.000 6 | 0.000 0 |
| $P$ 值（2） | 0.000 0 | 0.005 5 | 0.000 4 | 0.000 0 |
| $ABz$ 值 | 0.013 2 | 0.008 3 | 0.000 2 | 0.012 9 |
| $P$ 值 | 0.140 0 | 0.316 9 | 0.209 7 | 0.176 9 |

注：种植期间降水量为种植期间月平均降水量，种植期间温度为种植期间月平均温度；\*\*\*、\*\*、\* 是在 1%、5%、10% 水平下显著；$P$ 值（1）是政策虚拟变量以及政策虚拟变量与其他变量的交乘项系数都为 0 的概率，$P$ 值（2）是政策虚拟变量与其他变量的交乘项系数都为 0 的概率；$z$ 值是 Arellano-Bond 二阶自相关检验的统计量，$P$ 值为相应概率。

**3. 总产量长期弹性**

通过播种面积和单位面积产量的短期供给反应弹性 $\theta_2$、$\theta_3$、$\theta_2'$、$\theta_3'$，计算长期供给反应弹性为 $\dfrac{\theta_2}{1-\theta_1}$、$\dfrac{\theta_3}{1-\theta_1}$ 和 $\dfrac{\theta_2'}{1-\theta_1'}$、$\dfrac{\theta_3'}{1-\theta_1'}$。根据弹性的计算公式，可以计算出总产量弹性。

由于总产量是播种面积与单位面积产量的乘积

$$y_{it} = A_{it} Y_{it} \qquad (5-12)$$

对等式取对数后得到

$$\ln y_{it} = \ln A_{it} + \ln Y_{it} \qquad (5-13)$$

对两边求偏导可以得到各指标的长期弹性，以幼稚性预期价格为例，对公式（5-13）两边求 $P_{i(t-1)}^r$ 的偏导，得

$$\frac{\mathrm{d}y_{it}}{\mathrm{d}P_{i(t-1)}^r} \cdot \frac{1}{y_{it}} = \frac{\mathrm{d}A_{it}}{\mathrm{d}P_{i(t-1)}^r} \cdot \frac{1}{A_{it}} + \frac{\mathrm{d}Y_{it}}{\mathrm{d}P_{i(t-1)}^r} \cdot \frac{1}{Y_{it}} \qquad (5-14)$$

两边同时乘以 $P_{i(t-1)}^r$，得

$$E_y = \frac{\mathrm{d}y_{it}}{\mathrm{d}P_{i(t-1)}^r} \cdot \frac{P_{i(t-1)}^r}{y_{it}} = \frac{\mathrm{d}A_{it}}{\mathrm{d}P_{i(t-1)}^r} \cdot \frac{P_{i(t-1)}^r}{A_{it}} + \frac{\mathrm{d}Y_{it}}{\mathrm{d}P_{i(t-1)}^r} \cdot \frac{P_{i(t-1)}^r}{Y_{it}} = E_A + E_Y$$

$$(5-15)$$

即总产量对幼稚性预期价格的长期弹性等于播种面积对幼稚性预期价格的弹性和单位面积产量对幼稚性预期价格的弹性的和。将不同作物面积响应弹性与单位面积产量响应弹性分别相加，得到总产量弹性（表5-4）。在长期弹性中，对大多数粮食作物来说，对总产量影响最大的还是幼稚性预期价格，总产量对幼稚性预期价格的长期弹性都为较大的正值，最大为小麦（1.74），其次为玉米（0.83）。小麦总产量对滞后一期价格的弹性大于1，表示当价格变化，长期情况下会使小麦、大豆产量增加大于1倍，一些国外文献中也存在长期弹性大于1的情况。

表5-4 粮食播种面积、单位面积产量、总产量长期弹性（幼稚性价格预期）

| 作物 | 调整系数 | 变量 | 播种面积弹性 | | 单位面积产量弹性 | | 总产量弹性 | |
|---|---|---|---|---|---|---|---|---|
| | | | 2004年前 | 2004年后 | 2004年前 | 2004年后 | 2004年前 | 2004年后 |
| 水稻 | 0.111 | $P_{i(t-1)}^r$ | 0.59 | 0.63 | 0.17 | 0.22 | 0.77 | 0.85 |
| | | $I_{it}$ | 0.29 | 0.27 | 0.34 | 0.30 | 0.63 | 0.57 |
| | | $F_{it}$ | 0.02 | 0.09 | 0.03 | 0.06 | 0.05 | 0.15 |
| | | $R_{it}$ | −0.07 | −0.07 | −0.02 | 0.00 | −0.09 | −0.08 |
| | | $TM_{it}$ | 0.05 | 0.04 | 0.01 | 0.01 | 0.05 | 0.05 |
| | | $PR_{it}$ | 0.14 | 0.12 | −0.01 | −0.01 | 0.13 | 0.11 |
| | | $NR_{it}$ | −0.01 | −0.02 | −0.15 | −0.11 | −0.16 | −0.13 |
| | | $T_{it}$ | −0.02 | −0.02 | 0.01 | 0.00 | −0.01 | −0.02 |
| 小麦 | 0.017 | $P_{i(t-1)}^r$ | 1.86 | 1.76 | 0.16 | −0.02 | 2.03 | 1.74 |
| | | $I_{it}$ | −3.24 | −3.24 | 0.09 | 0.08 | −3.15 | −3.16 |
| | | $F_{it}$ | 0.82 | 0.82 | 0.04 | 0.36 | 0.86 | 1.18 |
| | | $R_{it}$ | 1.76 | 1.73 | 0.07 | 0.15 | 1.83 | 1.88 |
| | | $TM_{it}$ | 0.71 | 0.71 | −0.03 | −0.03 | 0.68 | 0.67 |
| | | $PR_{it}$ | 1.24 | 1.24 | 0.02 | −0.01 | 1.25 | 1.23 |
| | | $NR_{it}$ | −0.76 | −0.73 | −0.15 | −0.09 | −0.92 | −0.82 |
| | | $T_{it}$ | −0.47 | −0.46 | 0.01 | 0.01 | −0.46 | −0.45 |

（续）

| 作物 | 调整系数 | 变量 | 播种面积弹性 | | 单位面积产量弹性 | | 总产量弹性 | |
|---|---|---|---|---|---|---|---|---|
| | | | 2004 年前 | 2004 年后 | 2004 年前 | 2004 年后 | 2004 年前 | 2004 年后 |
| 玉米 | 0.125 | $P^r_{i(t-1)}$ | 0.67 | 0.71 | 0.14 | 0.12 | 0.81 | 0.83 |
| | | $I_{it}$ | 0.10 | 0.08 | 0.13 | 0.11 | 0.23 | 0.19 |
| | | $F_{it}$ | −0.06 | −0.06 | 0.08 | −0.04 | 0.02 | −0.09 |
| | | $R_{it}$ | −0.06 | −0.07 | 0.15 | 0.11 | 0.09 | 0.04 |
| | | $TM_{it}$ | 0.02 | 0.01 | −0.04 | −0.03 | −0.02 | −0.01 |
| | | $PR_{it}$ | 0.12 | 0.10 | 0.00 | 0.01 | 0.12 | 0.11 |
| | | $NR_{it}$ | −0.14 | −0.11 | −0.22 | −0.12 | −0.35 | −0.23 |
| | | $T_{it}$ | 0.02 | 0.02 | 0.00 | 0.00 | 0.02 | 0.02 |
| 大豆 | 0.128 | $P^r_{i(t-1)}$ | −0.04 | −0.23 | 0.20 | 0.26 | 0.16 | 0.03 |
| | | $I_{it}$ | 0.81 | 0.64 | 0.08 | 0.21 | 0.89 | 0.85 |
| | | $F_{it}$ | 0.09 | 0.26 | 0.16 | −0.07 | 0.24 | 0.20 |
| | | $R_{it}$ | −0.06 | −0.04 | 0.39 | 0.25 | 0.32 | 0.21 |
| | | $TM_{it}$ | −0.09 | −0.08 | −0.01 | 0.00 | −0.10 | −0.08 |
| | | $PR_{it}$ | −0.13 | −0.06 | 0.00 | −0.06 | −0.13 | −0.12 |
| | | $NR_{it}$ | 0.21 | 0.23 | −0.47 | −0.30 | −0.26 | −0.07 |
| | | $T_{it}$ | −0.02 | 0.00 | 0.00 | −0.01 | −0.02 | −0.02 |

灌溉是影响粮食总产量的第二大因素，但对小麦总产量的影响为负，而降水量对小麦总产量的影响为正。化肥价格对总产量的影响大多为正，这与预期不符，可能与近年来粮食价格稳中有升有关。价格风险对水稻、小麦、玉米总产量的影响为正，但对大豆的影响为负，即主要粮食政策稳定，农民种粮较为积极，价格波动反而促进粮食产量增长。

自然风险对于作物总产量的综合影响并不像其对单位面积产量影响那样明显，自然灾害风险对所有作物的影响均为负，2004 年政策调整后，总产量对自然风险的弹性变小，这与农业政策调整以来，各级政府修建农业基础设施、完善农业保险政策分不开。

## 5.2.2 适应性价格预期

Nerlove（1956，1960）摒弃了早期蛛网模型和幼稚性价格预期模型对预期价格简单的、静态的假设，提出了适应性价格预期模型。该模型以农民会根据上一期预期的价格和实际价格之间的差异对当期预期价格进行调整作为假设条件，进而提出了一个简单有效的模拟农户决策行为的预期价格计算公式，并且认为在没有其他因素影响的条件下，农民不会进行突然的大幅度的生产调整，相反会根据新的价格预期进行局部调整。

假设当生产和市场环境发生变化时，因其受生产习惯、生产规模、资本和技术等多种因素的制约，农户无法迅速地对外部冲击作出反应，因此农户对生产的调整有一定的滞后性，是一个不断调整的动态过程。

假设当期预期价格与上一期预期价格和上一期实际价格相关，可以表示为：

$$P_{it}^e = P_{i(t-1)}^e + \beta'(P_{i(t-1)} - P_{i(t-1)}^e) \quad 0 < \beta' \leq 1 \quad (5-16)$$

其中 $t=1, \cdots, n$，将预期价格用实际价格替换，将上式整理成无穷阶矩阵自回归模型（infinite-order AR process）：

$$P_{it}^e = \sum_{\tau=0}^{\infty} \beta'(1-\beta')P_{i(t-1-\tau)} \quad (5-17)$$

可以写成自回归移动平均模型（Auto Regressive Moving Average, ARMA）：

$$P_{it}^e = b_1 P_{i(t-1)} + b_2 P_{i(t-2)} + \cdots + b_p P_{i(t-p)} + \mu_{it} + c_1 \mu_{i(t-1)} + \cdots + c_q \mu_{i(t-q)}$$
$$(5-18)$$

其中，$p$ 为自回归阶数，$q$ 为移动平均阶数，$\mu_{it}$ 是白噪声误差。如果 $P_{it}$ 是不平衡时间序列，则需要对 $P_{it}$ 进行差分，则式（5-18）成为（$p$，$d$，$q$）阶自回归求和移动平均模型（Autoregressive Integrated Moving Average），$d$ 为时间序列成为平衡时所做的差分次数。

对时间序列数据进行平衡性检验，自相关和偏自相关测试，残差独立性测试等，选择最适合的 $p$、$d$、$q$ 值。值得注意的是，在实际应用中 $p$、$d$、$q$ 值一般不超过 2。用估计价格 $\hat{P}_{it}^e$ 代替预期价格 $P_{it}^e$。

与幼稚性预期相似，根据不同省份地理位置及所种作物不同选取主要替代作物 $j$ 和 $k$，计算 $\hat{P}_{jt}^e$、$\hat{P}_{kt}^e$ 的值，再计算相关预期价格 $\hat{P}_{it}^{re} = \hat{P}_{it}^e / \frac{1}{2}(\hat{P}_{jt}^e + \hat{P}_{kt}^e)$ 代替 $\hat{P}_{it}^{re}$。当只有一种替代作物时，公式可以简化为 $\hat{P}_{it}^{re} = \hat{P}_{it}^e / \hat{P}_{jt}^e$。

所有粮食作物播种面积模型和单位面积产量模型的 Wald 检验都拒绝了参数为 0 的原假设，模型设定较为合理。在 Arellano-Bond 二阶残差自相关检验中，所有作物面积和产量方程都不能拒绝二阶残差自相关为零的假设，其中玉米面积方程中添加滞后因变量以解决原方程中的二阶残差自相关问题①。

**1. 播种面积模型估计结果**

与幼稚性价格预期的一些结论相类似，滞后一期播种面积对当期播种面积的影响最大。大豆、水稻、玉米播种面积对适应性预期价格的反应在统计上是显著的，且都为正效应。大豆（0.277）最大，小麦播种面积的适应性预期价格短期弹性为正，但是并不显著。灌溉面积对稻谷、大豆播种面积有显著的促进作用。价格风险对稻谷、小麦、玉米播种面积的影响仍然为正，时间趋势对稻谷、小麦播种面积的影响仍然为负（表5-5）。

表5-5 Arellano-Bond 动态面板模型估计结果——播种
面积方程（适应性价格预期）

| 变量 | 稻谷 | 小麦 | 玉米 | 大豆 |
| --- | --- | --- | --- | --- |
| 滞后一期播种面积 $A_{i(t-1)}$ | 0.854*** | 0.993*** | 0.872*** | 0.861*** |
| | (40.11) | (43.91) | (44.49) | (25.62) |
| 适应性预期价格 $P_{it}^e$ | 0.037*** | 0.021 | 0.081*** | 0.277*** |
| | (3.13) | (0.77) | (2.78) | (11.12) |
| 灌溉面积 $I_{it}$ | 0.054** | −0.059 | 0.005 | 0.128*** |
| | (2.02) | (−1.10) | (0.3) | (3.21) |
| 化肥价格 $F_{it}$ | −0.059** | 0.023 | 0.046** | 0.002 |
| | (−2.54) | (0.89) | (2.16) | (0.09) |
| 播种前降水量 $R_{it}$ | −0.015* | 0.023 | −0.005 | 0.006 |
| | (−1.95) | (−1.22) | (−0.56) | (0.23) |
| 播种前温度 $TM_{it}$ | 0.001 | 0.001 | 0 | −0.001 |
| | (1.46) | (1.14) | (0.77) | (−1.09) |

① 玉米单位面积产量供给反应方程加入滞后二阶、滞后三阶的因变数，系数和 $T$ 值分别为 0.212***(5.24)、0.124***(3.87)，不再列入表中。

（续）

| 变量 | 稻谷 | 小麦 | 玉米 | 大豆 |
|---|---|---|---|---|
| 价格风险 $PR_{it}$ | 0.019** | 0.021** | 0.006* | −0.004 |
| | (2.36) | (2.1) | (1.79) | (−0.61) |
| 自然风险 $NR_{it}$ | −0.003 | −0.008 | −0.015* | 0.043 |
| | (−0.30) | (−1.10) | (−1.72) | (1.1) |
| 时间趋势 $T_{it}$ | −0.003*** | −0.006*** | 0.001* | 0 |
| | (−3.27) | (−4.35) | (1.83) | (0.15) |
| 政策虚拟变量 $PD_{it}$ | 0.499 | −9.138** | −0.796 | −13.502 |
| | (0.2) | (−2.44) | (−0.22) | (−1.24) |
| $\hat{P}_{it}^{re} \times PD_{it}$ | −0.001 | 0.038** | −0.011 | 0.032 |
| | (−0.17) | (2.18) | (−1.25) | (1.11) |
| $I_{it} \times PD_{it}$ | −0.014 | −0.036 | −0.027 | −0.175* |
| | (−0.52) | (−0.75) | (−1.03) | (−1.89) |
| $F_{it} \times PD_{it}$ | 0.085*** | −0.055* | −0.068 | 0.056 |
| | (3.35) | (−1.70) | (−1.57) | (1.04) |
| $R_{it} \times PD_{it}$ | 0.013 | −0.014 | −0.01 | 0.012 |
| | (0.9) | (−0.54) | (−0.95) | (0.27) |
| $TM_{it} \times PD_{it}$ | −0.001*** | 0 | 0 | 0.001 |
| | (−4.08) | (0.12) | (−1.16) | (1.40) |
| $PR_{it} \times PD_{it}$ | −0.015* | −0.001 | −0.01 | 0.053* |
| | (−1.75) | (−0.04) | (−1.27) | (1.93) |
| $NR_{it} \times PD_{it}$ | −0.009 | 0.024** | 0.022* | −0.021 |
| | (−0.97) | (2.16) | (1.9) | (−0.57) |
| $T_{it} \times PD_{it}$ | 0 | 0.005** | 0.001 | 0.007 |
| | (−0.38) | (2.51) | (0.33) | (1.22) |
| Constant | 7.052*** | 12.173*** | −1.897 | 0.26 |
| | (4.05) | (4.33) | (−1.34) | (0.06) |
| N | 608 | 352 | 608 | 320 |
| $Wald\chi^2$ | 202 413.52 | 74.16 | 89 498.70 | 21 924.31 |
| P 值（1） | 0.000 0 | 0.000 0 | 0.000 0 | 0.000 0 |

（续）

| 变量 | 稻谷 | 小麦 | 玉米 | 大豆 |
|---|---|---|---|---|
| P 值（2） | 0.000 0 | 0.000 0 | 0.000 4 | 0.000 0 |
| ABz 值 | 1.107 1 | −0.007 8 | −1.822 6 | −0.751 04 |
| P 值 | 0.268 2 | 0.993 7 | 0.068 4 | 0.452 6 |

注：播种前降水量为播种前 5 个月平均降水量，播种前温度为播种前 5 个月平均温度；＊＊＊、＊＊、＊是在 1％、5％、10％水平下显著；P 值（1）是政策虚拟变量以及政策虚拟变量与其他变量的交乘项系数都为 0 的概率，P 值（2）是政策虚拟变量与其他变量的交乘项系数都为 0 的概率；z 值是 Arellano-Bond 二阶自相关检验的统计量，P 值为相应概率。

### 2. 单位面积产量方程估计结果

滞后一期单位面积产量仍然是影响当期单位面积产量最大的因素，适应性预期形式下的价格仅对稻谷的单位面积产量有显著的正影响，对其他作物均不显著。模型中灌溉面积、降水量仍然对大多数作物单位面积产量有正影响。自然风险对所有作物单位面积产量有显著的负影响，时间趋势变量对所有作物单位面积产量有显著的正影响（表 5-6）。

表 5-6　Arellano-Bond 动态面板模型估计结果——单位面积产量方程（适应性价格预期）

| 变量 | 稻谷 | 小麦 | 玉米 | 大豆 |
|---|---|---|---|---|
| 滞后一期单产 $Y_{i(t-1)}$ | 0.402＊＊＊ | 0.453＊＊＊ | 0.296＊＊＊ | 0.468＊＊＊ |
| | (4.63) | (5.08) | (5.68) | (8.96) |
| 适应性预期价格 $\hat{P}_{it}^{\pi}$ | 0.071＊＊ | 0.031 | −0.039 | −0.023 |
| | (2.23) | (0.54) | (−1.41) | (−0.27) |
| 灌溉面积 $I_{it}$ | 0.123＊＊＊ | 0.086＊ | 0.061＊＊ | 0.079 |
| | (4.40) | (1.66) | (2.15) | (0.84) |
| 化肥价格 $F_{it}$ | 0.006 | −0.024 | 0.011 | 0.010 |
| | (0.25) | (−0.37) | (0.22) | (0.33) |
| 种植期间降水量 $R_{it}$ | 0.014 | 0.058 | 0.149＊＊＊ | 0.232＊＊＊ |
| | (0.4) | (0.94) | (5.47) | (5.49) |
| 种植期间温度 $TM_{it}$ | 0.000 | −0.001 | −0.003＊ | −0.001 |
| | (0.70) | (−0.60) | (−1.77) | (−0.93) |

（续）

| 变量 | 稻谷 | 小麦 | 玉米 | 大豆 |
|---|---|---|---|---|
| 价格风险 $PR_{it}$ | −0.006 | 0.01 | −0.004 | 0.005 |
|  | (−0.75) | (1.04) | (−0.38) | (0.36) |
| 自然风险 $NR_{it}$ | −0.077*** | −0.061** | −0.122*** | −0.223*** |
|  | (−5.27) | (−2.05) | (−4.23) | (−8.44) |
| 时间趋势 $T_{it}$ | 0.005*** | 0.009*** | 0.006*** | 0.007** |
|  | (2.95) | (3.63) | (2.97) | (1.97) |
| 政策虚拟变量 $PD_{it}$ | 12.266** | 15.804* | 11.272** | 45.801*** |
|  | (2.12) | (1.90) | (2.08) | (3.34) |
| $\hat{P}_{it}^{\pi} \times PD_{it}$ | −0.005 | 0.024 | 0.044*** | 0.064 |
|  | (−0.52) | (0.53) | (3.09) | (1.35) |
| $I_{it} \times PD_{it}$ | −0.058* | 0.093 | −0.070** | 0.179 |
|  | (−1.69) | (1.15) | (−2.15) | (1.49) |
| $F_{it} \times PD_{it}$ | 0.014 | 0.146** | 0.033 | −0.142 |
|  | (0.44) | (2.02) | (0.61) | (−1.16) |
| $R_{it} \times PD_{it}$ | −0.016 | 0.038 | −0.087*** | −0.191** |
|  | (−0.48) | (0.65) | (−3.28) | (−2.29) |
| $TM_{it} \times PD_{it}$ | 0.000 | 0.000 | 0.002*** | 0.002 |
|  | (0.83) | (−0.34) | (2.85) | (1.22) |
| $PR_{it} \times PD_{it}$ | −0.001 | −0.031** | 0.010 | −0.056** |
|  | (−0.17) | (−2.32) | (0.79) | (−2.20) |
| $NR_{it} \times PD_{it}$ | 0.037*** | 0.036 | 0.071*** | 0.125*** |
|  | (2.78) | (1.19) | (2.62) | (3.40) |
| $T_{it} \times PD_{it}$ | −0.006** | −0.008** | −0.006** | −0.022*** |
|  | (−2.17) | (−2.00) | (−2.09) | (−3.28) |
| Constant | −0.156 | −16.601*** | −0.564* | −15.637** |
|  | (−0.25) | (−3.39) | (−1.82) | (−2.11) |
| N | 608 | 352 | 570 | 320 |
| $Wald\chi^2$ | 155 882.89 | 385.11 | 66 546.46 | 938.64 |
| P 值（1） | 0.000 0 | 0.000 0 | 0.001 5 | 0.000 0 |

（续）

| 变量 | 稻谷 | 小麦 | 玉米 | 大豆 |
|---|---|---|---|---|
| $P$ 值（2） | 0.000 0 | 0.000 0 | 0.001 3 | 0.000 0 |
| $ABz$ 值 | 1.304 7 | 1.045 2 | 0.493 4 | 1.395 2 |
| $P$ 值 | 0.192 0 | 0.295 9 | 0.621 7 | 0.163 0 |

注：种植期间降水量为种植期间月平均降水量，种植期间温度为种植期间月平均温度；***、**、*是在1%、5%、10%水平下显著；$P$ 值（1）是政策虚拟变量以及政策虚拟变量与其他变量的交乘项系数都为0的概率，$P$ 值（2）是政策虚拟变量与其他变量的交乘项系数都为0的概率；$z$ 值是 Arellano-Bond 二阶自相关检验的统计量，$P$ 值为相应概率。

### 3. 总产量长期弹性

将不同作物播种面积响应弹性与单位面积产量响应弹性分别相加，得到总产量弹性（表5-7）。在长期弹性中，对总产量影响最大的仍然是价格和灌溉面积。降水量对小麦、玉米、大豆总产量的影响为正。价格风险对水稻、小麦、玉米总产量有正影响，自然风险对所有作物总产量均有负影响。这些结论与幼稚性价格预期均一致。

表 5-7　粮食播种面积、单位面积产量、总产量
长期弹性（适应性价格预期）

| 作物 | 调整系数 | 变量 | 播种面积弹性 | | 单位面积产量弹性 | | 总产量弹性 | |
|---|---|---|---|---|---|---|---|---|
| | | | 2004 年前 | 2004 年后 | 2004 年前 | 2004 年后 | 2004 年前 | 2004 年后 |
| 水稻 | 0.146 | $\hat{P}_{it}^{m}$ | 0.25 | 0.25 | 0.12 | 0.11 | 0.37 | 0.37 |
| | | $I_{it}$ | 0.37 | 0.36 | 0.21 | 0.15 | 0.58 | 0.50 |
| | | $R_{it}$ | −0.40 | −0.32 | 0.01 | 0.02 | −0.39 | −0.30 |
| | | $F_{it}$ | −0.10 | −0.09 | 0.02 | 0.01 | −0.08 | −0.08 |
| | | $TM_{it}$ | 0.01 | 0.01 | 0.00 | 0.00 | 0.01 | 0.01 |
| | | $PR_{it}$ | 0.13 | 0.12 | −0.01 | −0.01 | 0.12 | 0.10 |
| | | $NR_{it}$ | −0.02 | −0.03 | −0.13 | −0.09 | −0.15 | −0.12 |
| | | $T_{it}$ | −0.02 | −0.02 | 0.01 | 0.00 | −0.01 | −0.02 |
| 小麦 | 0.07 | $\hat{P}_{it}^{m}$ | 3.00 | 3.04 | 0.06 | 0.08 | 3.06 | 3.12 |
| | | $I_{it}$ | −8.43 | −8.46 | 0.16 | 0.25 | −8.27 | −8.21 |
| | | $R_{it}$ | 3.29 | 3.23 | −0.04 | 0.10 | 3.24 | 3.33 |
| | | $F_{it}$ | 3.29 | 3.27 | 0.11 | 0.14 | 3.39 | 3.42 |

（续）

| 作物 | 调整系数 | 变量 | 播种面积弹性 | | 单位面积产量弹性 | | 总产量弹性 | |
|---|---|---|---|---|---|---|---|---|
| | | | 2004 年前 | 2004 年后 | 2004 年前 | 2004 年后 | 2004 年前 | 2004 年后 |
| 小麦 | 0.07 | $TM_{it}$ | 0.14 | 0.14 | 0.00 | 0.00 | 0.14 | 0.14 |
| | | $PR_{it}$ | 3.00 | 3.00 | 0.02 | −0.01 | 3.02 | 2.99 |
| | | $NR_{it}$ | −1.14 | −1.12 | −0.11 | −0.08 | −1.25 | −1.19 |
| | | $T_{it}$ | −0.86 | −0.85 | 0.02 | 0.01 | −0.84 | −0.84 |
| 玉米 | 0.128 | $\hat{P}_{it}^{re}$ | 0.63 | 0.62 | −0.06 | −0.01 | 0.58 | 0.61 |
| | | $I_{it}$ | 0.04 | 0.01 | 0.09 | 0.02 | 0.13 | 0.03 |
| | | $R_{it}$ | 0.36 | 0.29 | 0.02 | 0.05 | 0.38 | 0.34 |
| | | $F_{it}$ | −0.04 | −0.05 | 0.21 | 0.12 | 0.17 | 0.08 |
| | | $TM_{it}$ | 0.00 | 0.00 | 0.00 | 0.00 | 0.00 | 0.00 |
| | | $PR_{it}$ | 0.05 | 0.04 | −0.01 | 0.00 | 0.04 | 0.04 |
| | | $NR_{it}$ | −0.12 | −0.10 | −0.17 | −0.10 | −0.29 | −0.20 |
| | | $T_{it}$ | 0.01 | 0.01 | 0.01 | 0.00 | 0.02 | 0.01 |
| 大豆 | 0.139 | $\hat{P}_{it}^{re}$ | 1.99 | 2.02 | −0.04 | 0.02 | 1.95 | 2.05 |
| | | $I_{it}$ | 0.92 | 0.75 | 0.15 | 0.33 | 1.07 | 1.07 |
| | | $R_{it}$ | 0.01 | 0.07 | 0.02 | −0.12 | 0.03 | −0.05 |
| | | $F_{it}$ | 0.04 | 0.06 | 0.44 | 0.25 | 0.48 | 0.30 |
| | | $TM_{it}$ | −0.01 | −0.01 | 0.00 | 0.00 | −0.01 | −0.01 |
| | | $PR_{it}$ | −0.03 | 0.02 | 0.01 | −0.05 | −0.02 | −0.02 |
| | | $NR_{it}$ | 0.31 | 0.29 | −0.42 | −0.29 | −0.11 | −0.01 |
| | | $T_{it}$ | 0.00 | 0.01 | 0.01 | −0.01 | 0.01 | 0.00 |

## 5.2.3 理性价格预期

一些学者批评幼稚性预期假设和适应性预期假设，声称"他们是回顾过去的"（Nickell，1985），这些预期忽视了能够影响未来价格的决策制定者的其他因素。像上文看到那样，Nerlovian 方式的适应性预期是基于过去价格历史，随着时间推移权重下降。预期构造模型如下：

$$p_t^e = f（过去价格）= \gamma \sum_{i=1}^{\infty} (1-\gamma)^{i-1} p_{t-i} \qquad (5-19)$$

这种方法被下面的理由所批判：

（1）价格权重与作出产出最佳决策过程相反。

（2）价格预期未充分使用决策制定者可用的信息：①价格形成的过程应当使用包括供给和需求知识或更完整的结构模型做出预测；②外生性变量的预测影响这个过程；③预期政策改变会影响价格形成，这一过程与"卢卡斯批判"（1976）一致。

理性预期假定预期与潜在市场结构一致，生产者会有效地应用所有可用信息预测未来价格。模型中价格的内生变量预测形成预期，理性预期不是基于过去的价格，而是基于价格决定的结构模型知识。此外，模型中还涉及因变量的外生预测，以及模型中政策结构的预测（Fisher et al.，1982；Eckstein et al.，1984）。

预期形成模型如下：

$$p_t^e = f（模型预测法、外生变量预测和政策变化预期）$$

我们想要估计的基本模型为：

$$By_t + Ay_t^e + \Gamma_1 x_{1t} + \Gamma_2 x_{2t} = u_t \tag{5-20}$$

这里 $y_t$ 是可观测的内生变量向量，$y_t^e$ 是不可观测的预期变量向量，$x_{1t}$ 是不确定外生变量向量（包括价格变量），$x_{2t}$ 是确定的外生变量向量。在这个模型中，如果外生变量数多于预期变量数，结构参数可以被确定（Wallis et al.，1980）。理性预期假设由这样的假定构成，预期 $y_t^e$ 由模型预测法给出，给定当时外生的 $x_{1t}^*$ 和政策变量 $x_{1t}$ 预期形成 $y_t^e$。

$$y_t^e = E（y_t | x_{1t}^* 和 x_{2t} 的信息）$$

模型（5-20）可以改写成：

$$By_t + Ay_t^e = -\Gamma_1 x_{1t} - \Gamma_2 x_{2t} + u_t \tag{5-21}$$

当形成预期时求期望值：

$$E(By_t + Ay_t^e) = (B+A)y_t^e = -\Gamma_1 x_{1t}^* - \Gamma_2 x_{2t} \tag{5-22}$$

求解 $y_t^e$ 得：

$$y_t^e = -(B+A)^{-1}(\Gamma_1 x_{1t}^* - \Gamma_2 x_{2t}) \tag{5-23}$$

代入（5-21）：

$$By_t = -A(B+A)^{-1}\Gamma_1 x_{1t}^* - \Gamma_1 x_{1t} - A(B+A)^{-1}\Gamma_2 x_{2t} - \Gamma_2 x_{2t} + u_t$$

$$\tag{5-24}$$

这里所有的变量都直接可观测（$x_{1t}$，$x_{2t}$）或被预测（$x_{1t}^*$）。例如，自回归移动平均的类型 $x_{1t}^* = \phi x_{1,t-1} + \varepsilon_t$，$E(\varepsilon_t) = 0$，这里 $\phi$ 是未知的。

对蛛网模型，农产品供给和需求等式是

供给： $$q = \gamma_{13} + \alpha_{12} p^e + \gamma_{11} x + u_1 \qquad (5-25)$$

需求： $$p = \gamma_{23} - \beta_{21} q + \gamma_{22} y + u_2 \qquad (5-26)$$

这里 $x$ 为投入品价格，包括化肥价格、种子价格、劳动力价格、土地流转价格等，$y$ 代表人均收入。

在理性预期假设下，价格预期是预测形成时模型均衡价格：

$$q^e = \gamma_{13} + \alpha_{12} p^e + \gamma_{11} x^* \qquad (5-27)$$

$$\beta_{21} q^e = \gamma_{23} - p^e + \gamma_{22} y^* \qquad (5-28)$$

这里 $x^*$ 和 $y^*$ 显然是价格预期形成时预期的外生变量。

我们将式（5-27）代入式（5-28）：

$$0 = (\gamma_{23} - \beta_{21} \gamma_{13}) - (1 + \beta_{21} \alpha_{12}) p^e - \beta_{21} \gamma_{11} x^* + \gamma_{22} y^*$$

或 $$p^e = \frac{1}{1 + \beta_{21} \alpha_{12}} \left[ (\gamma_{23} - \beta_{21} \gamma_{13}) - \beta_{21} \gamma_{11} x^* + \gamma_{22} y^* \right] \qquad (5-29)$$

这样，如果投入价格 $x^*$ 预期下降，预期商品价格 $p^e$ 下降，供给预期会上升。代入供给方程，我们得到：

$$q = \left[ \gamma_{13} + \frac{\alpha_{12}(\gamma_{23} - \beta_{21}\gamma_{13})}{1 + \beta_{21}\alpha_{12}} \right] - \frac{\alpha_{12}\beta_{21}\gamma_{11}}{1 + \beta_{21}\alpha_{12}} x^* + \frac{\alpha_{12}\gamma_{22}}{1 + \beta_{21}\alpha_{12}} y^* + \gamma_{11} x + u_1$$

或 $$q = \pi_0 + \pi_1 x^* + \pi_2 y^* + \gamma_{11} x + u_1 \qquad (5-30)$$

这里所有变量都是可观测的或预测外生的。

政策变量 $x$ 有直接影响 $\gamma_{11}$ 和间接影响 $-\alpha_{12}\beta_{21}\gamma_{11}/1 + \beta_{21}\alpha_{12} < \gamma_{11}$，虽然符号相反，但间接影响小于直接影响。

外生变量预测为：

$$x^* = \phi_1 x_{t-1} + \phi_2 x_{t-2} \qquad (5-31)$$

$$y^* = \phi_3 y_{t-1} \qquad (5-32)$$

方程组估计为：

供给： $$q = \pi_0 + \pi_1 \phi_1 x_{t-1} + \pi_1 \phi_2 x_{t-2} + \pi_2 \phi_3 y_{t-1} + \gamma_{11} x + u_1$$

$$(5-33)$$

需求： $$p = \gamma_{23} - \beta_{21} q + \gamma_{22} y + u_2 \qquad (5-34)$$

求解方程组，可以求出各参数，通过参数带入，形成理性预期的模拟价格 $\hat{P}_{it}^{re}$。同样，选取主要替代作物 $j$ 和 $k$，计算 $\hat{P}_{jt}^{re}$、$\hat{P}_{kt}^{re}$ 的值，再计算相关理性预期价格 $\hat{P}_{it}^{rre} = \hat{P}_{it}^{re} / \frac{1}{2} (\hat{P}_{jt}^{re} + \hat{P}_{kt}^{re})$ 代替 $\hat{P}_{it}^{re}$。当只有一种替代作物时，公式可以简化为 $\hat{P}_{it}^{rre} = \hat{P}_{it}^{re} / \hat{P}_{jt}^{re}$。

本研究代入化肥价格、种子价格、劳动力价格、土地流转价格、人均收入等目前能获得的所有统计数据，计算出各作物不同省份理性预期价格，代入播种面积模型及单位面积产量模型，研究结果发现相关理性预期价格对几乎所有作物播种面积及单位面积产量的影响都不显著，仅对小麦播种面积显著但为负值，这与理性预期理论基础不符。笔者认为其主要原因可能为信息的不可获取性。由于理性预期假设生产者会有效地应用所有可用信息预测未来价格，但统计数据无法提供如生产者经验、媒体宣传、大户带动等生产者对粮食价格预期判断影响较大的其他因素，因此计算的相关理性预期价格并不准确。当生产者运用所有可用信息得到的理性预期价格，应当接进实际粮食价格，因此本书用粮食实际价格代替理性预期价格进行计算。

**1. 播种面积模型估计结果**

在各粮食作物播种面积和产量方程中，wald 检验都拒绝了原假设，模型设定较为合理。在 Arellano-Bond 二阶残差自相关检验中，所有作物面积和产量方程都不能拒绝二阶残差自相关为 0 的假设，其中玉米面积方程中添加滞后二阶和三阶因变量解决原方程中的二阶残差自相关问题[①]。

在理性预期价格的供给反应模型中，滞后一期播种面积仍然是影响当期播种面积最重要的因素，水稻、小麦、玉米播种面积对理性预期价格的反应在统计上显著为正。大豆播种面积对理性预期价格不显著。稻谷和小麦的播种面积对化肥价格的弹性显著为负。时间变量对稻谷、小麦、玉米的播种面积有显著的负影响（表 5-8）。

---

① 玉米种植单位面积产量供给反应方程加入滞后二阶、滞后三阶的因变量，系数和 $T$ 值分别为 $-0.203^{***}$（4.84）、$0.123^{***}$（3.78），不再列入表中。

表 5 - 8   Arellano-Bond 动态面板模型估计结果——播种
面积方程（理性价格预期）

| 变量 | 稻谷 | 小麦 | 玉米 | 大豆 |
|------|------|------|------|------|
| 滞后一期播种面积 $A_{i(t-1)}$ | 0.928*** | 0.950*** | 0.869*** | 0.875*** |
| | (46.42) | (49.01) | (43.61) | (30.36) |
| 理性价格预期 $\hat{P}_{it}^{re}$ | 0.056** | 0.132*** | 0.069*** | -0.062 |
| | (2.44) | (3.2) | (3.75) | (-1.04) |
| 灌溉面积 $I_{it}$ | -0.021 | -0.118* | -0.018 | 0.107** |
| | (-1.01) | (-1.84) | (-1.07) | (2.32) |
| 化肥价格 $F_{it}$ | -0.067*** | -0.056* | 0.035 | 0.003 |
| | (-2.79) | (-1.88) | (1.64) | (0.13) |
| 播种前降水量 $R_{it}$ | -0.006 | -0.012 | -0.009 | 0.022 |
| | (-1.08) | (-0.82) | (-0.99) | (0.81) |
| 播种前温度 $TM_{it}$ | 0.001 | 0.001 | 0.000 | -0.001 |
| | (1.30) | (0.62) | (1.23) | (-1.07) |
| 价格风险 $PR_{it}$ | 0.009 | 0.001 | -0.004 | 0.006 |
| | (1.00) | (0.06) | (-0.71) | (0.48) |
| 自然风险 $NR_{it}$ | -0.002 | -0.026** | -0.023*** | 0.046 |
| | (-0.20) | (-2.17) | (-2.66) | (0.98) |
| 时间趋势 $T_{it}$ | -0.008*** | -0.015*** | -0.004** | 0.004 |
| | (-3.03) | (-3.95) | (-2.33) | (1.09) |
| 政策虚拟变量 $PD_{it}$ | -1.171 | -35.310*** | -3.564 | -19.527 |
| | (-0.27) | (-3.64) | (-0.77) | (-1.31) |
| $\hat{P}_{it}^{re} \times PD_{it}$ | 0.014 | -0.212** | 0.009 | -0.116 |
| | (0.42) | (-2.24) | (0.48) | (-0.83) |
| $I_{it} \times PD_{it}$ | -0.005 | 0.031 | -0.007 | -0.146 |
| | (-0.31) | (0.88) | (-0.30) | (-1.42) |
| $F_{it} \times PD_{it}$ | 0.085*** | 0.037 | -0.057 | 0.084 |
| | (3.42) | (0.89) | (-1.32) | (1.35) |
| $R_{it} \times PD_{it}$ | 0.003 | -0.005 | 0.000 | 0.003 |
| | (0.29) | (-0.24) | (0.02) | (0.06) |

（续）

| 变量 | 稻谷 | 小麦 | 玉米 | 大豆 |
|------|------|------|------|------|
| $TM_{it}×PD_{it}$ | $-0.000^{***}$ | 0.000 | $-0.000^{*}$ | $0.001^{*}$ |
| | $(-3.03)$ | $(-0.12)$ | $(-1.93)$ | $(1.8)$ |
| $PR_{it}×PD_{it}$ | $-0.009$ | 0.017 | $-0.004$ | $0.064^{**}$ |
| | $(-0.97)$ | $(0.92)$ | $(-0.47)$ | $(2.02)$ |
| $NR_{it}×PD_{it}$ | $-0.007$ | $0.042^{**}$ | $0.031^{***}$ | 0.004 |
| | $(-0.90)$ | $(2.29)$ | $(2.84)$ | $(0.1)$ |
| $T_{it}×PD_{it}$ | 0.000 | $0.018^{***}$ | 0.002 | 0.01 |
| | $(0.17)$ | $(3.61)$ | $(0.84)$ | $(1.27)$ |
| Constant | $16.537^{***}$ | $29.355^{***}$ | $8.332^{**}$ | $-7.282$ |
| | $(3.24)$ | $(4.18)$ | $(2.54)$ | $(-0.99)$ |
| N | 640 | 480 | 608 | 320 |
| $Wald\chi^2$ | 45 831.84 | 167 942.44 | 744 131.77 | 55.05 |
| P 值（1） | 0.000 0 | 0.000 0 | 0.000 0 | 0.000 0 |
| P 值（2） | 0.000 0 | 0.000 0 | 0.002 8 | 0.000 0 |
| ABz 值 | 1.132 1 | 0.644 1 | $-1.788$ | $-1.432 7$ |
| P 值 | 0.257 6 | 0.519 5 | 0.073 8 | 0.151 9 |

注：播种前降水量为播种前 5 个月平均降水量，播种前温度为播种前 5 个月平均温度；\*\*\*、\*\*、\* 是在 1%、5%、10% 水平下显著；P 值（1）是政策虚拟变量以及政策虚拟变量与其他变量的交乘项系数都为 0 的概率，P 值（2）是政策虚拟变量与其他变量的交乘项系数都为 0 的概率；z 值是 Arellano-Bond 二阶自相关检验的统计量，P 值为相应概率。

**2. 单位面积产量模型估计结果**

理性预期价格对小麦、玉米的单位面积产量有显著的正影响，对稻谷和大豆单位面积产量影响不显著。灌溉面积、降水量仍然表现比较突出，对多数作物单位面积产量有显著的正影响。自然风险对全部作物单位面积产量均有负影响，这与前文研究结论一致（表 5-9）。

**3. 总产量长期弹性**

在长期弹性中，除大豆外，其他作物产量受影响最大的还是相对预期价格，在政策实施前长期弹性最大的为小麦（2.88），其次为水稻（0.85）和玉米（0.63）。政策实施后，水稻价格弹性有所上升，小麦和玉米都呈现下降的趋势，价格风险对粮食总产量仍然表现出正向影响，自然风险对粮食总产量仍然表现出负向影响（表 5 - 10）。

表 5 - 9　Arellano-Bond 动态面板模型估计结果——单位

面积产量方程（理性价格预期）

| 变量 | 稻谷 | 小麦 | 玉米 | 大豆 |
|---|---|---|---|---|
| 滞后一期单产 $Y_{i(t-1)}$ | 0.389*** | 0.417*** | 0.305*** | 0.476*** |
| | (4.22) | (5.49) | (6.08) | (11.66) |
| 理性价格预期 $\hat{P}_{it}^{re}$ | 0.045 | 0.142*** | 0.073** | 0.040 |
| | (1.36) | (4.45) | (2.29) | (0.52) |
| 灌溉面积 $I_{it}$ | 0.115*** | 0.066* | 0.012 | 0.046 |
| | (3.51) | (1.74) | (0.43) | (0.50) |
| 化肥价格 $F_{it}$ | −0.005 | −0.098** | 0.001 | 0.007 |
| | (−0.26) | (−2.43) | (0.01) | (0.21) |
| 种植期间降水量 $R_{it}$ | 0.005 | 0.074* | 0.124*** | 0.176*** |
| | (0.15) | (1.74) | (5.08) | (5.20) |
| 种植期间温度 $TM_{it}$ | 0.001** | −0.001 | −0.003* | −0.001 |
| | (2.00) | (−0.78) | (−1.87) | (−0.67) |
| 价格风险 $PR_{it}$ | −0.009 | −0.01 | −0.022** | 0.000 |
| | (−1.28) | (−1.24) | (−2.02) | (−0.01) |
| 自然风险 $NR_{it}$ | −0.081*** | −0.071*** | −0.119*** | −0.227*** |
| | (−6.34) | (−2.74) | (−4.22) | (−7.36) |
| 时间趋势 $T_{it}$ | 0.002 | 0.000 | 0.000 | 0.004 |
| | (0.37) | (−0.12) | (−0.06) | (0.59) |
| 政策虚拟变量 $PD_{it}$ | 10.285 | −17.813** | 2.000 | 45.745** |
| | (0.8) | (−2.42) | (0.30) | (2.31) |
| $\hat{P}_{it}^{re} \times PD_{it}$ | 0.002 | −0.265*** | −0.046 | 0.056 |
| | (0.02) | (−2.92) | (−1.38) | (0.39) |
| $I_{it} \times PD_{it}$ | −0.026 | 0.107** | −0.068 | 0.151 |
| | (−0.86) | (2.13) | (−1.53) | (0.99) |
| $F_{it} \times PD_{it}$ | 0.017 | 0.174*** | 0.041 | −0.131 |
| | (0.52) | (3.35) | (0.77) | (−1.06) |
| $R_{it} \times PD_{it}$ | −0.005 | 0.009 | −0.046* | −0.093 |
| | (−0.16) | (−0.23) | (−1.75) | (−1.41) |

（续）

| 变量 | 稻谷 | 小麦 | 玉米 | 大豆 |
|---|---|---|---|---|
| $TM_{it} \times PD_{it}$ | 0.000 | 0.000 | 0.001 | 0.001 |
| | (0.74) | (−0.41) | (1.35) | (0.5) |
| $PR_{it} \times PD_{it}$ | 0.000 | 0.011 | 0.026** | −0.052 |
| | (0.05) | (0.99) | (2.06) | (−1.55) |
| $NR_{it} \times PD_{it}$ | 0.044*** | 0.045 | 0.068*** | 0.142*** |
| | (3.31) | (1.48) | (2.7) | (3.1) |
| $T_{it} \times PD_{it}$ | −0.005 | 0.009** | −0.001 | −0.022** |
| | (−0.79) | (−2.46) | (−0.28) | (−2.22) |
| $Constant$ | −2.341 | 0.672 | 0.181 | −9.166 |
| | (−0.29) | (0.17) | (0.03) | (−0.70) |
| $N$ | 640 | 480 | 608 | 320 |
| $Wald\chi^2$ | 21 424.08 | 764.09 | 25 334.15 | 1.84$e$+08 |
| $P$ 值（1） | 0.000 0 | 0.000 0 | 0.014 7 | 0.000 0 |
| $P$ 值（2） | 0.000 0 | 0.000 0 | 0.033 9 | 0.000 0 |
| $ABz$ 值 | 1.412 9 | 1.419 7 | 1.008 7 | 1.469 2 |
| $P$ 值 | 0.157 7 | 0.155 7 | 0.313 1 | 0.141 8 |

注：种植期间降水量为种植期间月平均降水量，种植期间温度为种植期间月平均温度；***、**、*是在1%、5%、10%水平下显著；$P$值（1）是政策虚拟变量以及政策虚拟变量与其他变量的交乘项系数都为0的概率，$P$值（2）是政策虚拟变量与其他变量的交乘项系数都为0的概率；$z$值是 Arellano-Bond 二阶自相关检验的统计量，$P$值为相应概率。

表 5 - 10　粮食播种面积、单位面积产量、总产量长期弹性（理性价格预期）

| 作物 | 调整系数 | 变量 | 播种面积弹性 | | 单位面积产量弹性 | | 总产量弹性 | |
|---|---|---|---|---|---|---|---|---|
| | | | 2004 年前 | 2004 年后 | 2004 年前 | 2004 年后 | 2004 年前 | 2004 年后 |
| 水稻 | 0.07 | $\hat{P}_{it}^{rne}$ | 0.78 | 0.79 | 0.07 | 0.08 | 0.85 | 0.87 |
| | | $I_{it}$ | −0.29 | −0.30 | 0.19 | 0.16 | −0.10 | −0.13 |
| | | $F_{it}$ | −0.93 | −0.85 | −0.01 | 0.01 | −0.94 | −0.84 |
| | | $R_{it}$ | −0.08 | −0.08 | 0.01 | 0.01 | −0.08 | −0.08 |
| | | $TM_{it}$ | 0.01 | 0.01 | 0.00 | 0.00 | 0.02 | 0.02 |
| | | $PR_{it}$ | 0.13 | 0.12 | −0.01 | −0.01 | 0.11 | 0.10 |
| | | $NR_{it}$ | −0.03 | −0.03 | −0.13 | −0.09 | −0.16 | −0.12 |
| | | $T_{it}$ | −0.11 | −0.11 | 0.00 | 0.00 | −0.11 | −0.11 |

（续）

| 作物 | 调整系数 | 变量 | 播种面积弹性 | | 单位面积产量弹性 | | 总产量弹性 | |
|---|---|---|---|---|---|---|---|---|
| | | | 2004 年前 | 2004 年后 | 2004 年前 | 2004 年后 | 2004 年前 | 2004 年后 |
| 小麦 | 0.05 | $\hat{P}_{it}^{re}$ | 2.64 | 2.43 | 0.24 | −0.02 | 2.88 | 2.41 |
| | | $I_{it}$ | −2.36 | −2.33 | 0.11 | 0.22 | −2.25 | −2.11 |
| | | $F_{it}$ | −1.12 | −1.08 | −0.17 | 0.01 | −1.29 | −1.08 |
| | | $R_{it}$ | −0.24 | −0.25 | 0.13 | 0.14 | −0.11 | −0.11 |
| | | $TM_{it}$ | 0.02 | 0.02 | 0.00 | 0.00 | 0.02 | 0.02 |
| | | $PR_{it}$ | 0.02 | 0.04 | −0.02 | −0.01 | 0.00 | 0.03 |
| | | $NR_{it}$ | −0.52 | −0.48 | −0.12 | −0.08 | −0.64 | −0.55 |
| | | $T_{it}$ | −0.30 | −0.28 | 0.00 | 0.01 | −0.30 | −0.27 |
| 玉米 | 0.13 | $\hat{P}_{it}^{re}$ | 0.53 | 0.54 | 0.11 | 0.06 | 0.63 | 0.59 |
| | | $I_{it}$ | −0.14 | −0.14 | 0.02 | −0.05 | −0.12 | −0.20 |
| | | $F_{it}$ | 0.27 | 0.21 | 0.00 | 0.04 | 0.27 | 0.25 |
| | | $R_{it}$ | −0.07 | −0.07 | 0.18 | 0.13 | 0.11 | 0.06 |
| | | $TM_{it}$ | 0.00 | 0.00 | 0.00 | 0.00 | 0.00 | 0.00 |
| | | $PR_{it}$ | −0.03 | −0.03 | −0.03 | −0.01 | −0.06 | −0.04 |
| | | $NR_{it}$ | −0.18 | −0.14 | −0.17 | −0.10 | −0.35 | −0.25 |
| | | $T_{it}$ | −0.03 | −0.03 | 0.00 | 0.00 | −0.03 | −0.03 |
| 大豆 | 0.12 | $\hat{P}_{it}^{re}$ | −0.50 | −0.61 | 0.08 | 0.13 | −0.42 | −0.48 |
| | | $I_{it}$ | 0.86 | 0.71 | 0.09 | 0.24 | 0.94 | 0.95 |
| | | $F_{it}$ | 0.02 | 0.11 | 0.01 | −0.12 | 0.04 | −0.01 |
| | | $R_{it}$ | 0.18 | 0.18 | 0.34 | 0.24 | 0.51 | 0.42 |
| | | $TM_{it}$ | −0.01 | −0.01 | 0.00 | 0.00 | −0.01 | −0.01 |
| | | $PR_{it}$ | 0.05 | 0.11 | 0.00 | −0.05 | 0.05 | 0.06 |
| | | $NR_{it}$ | 0.37 | 0.37 | −0.43 | −0.29 | −0.07 | 0.08 |
| | | $T_{it}$ | 0.03 | 0.04 | 0.01 | −0.01 | 0.04 | 0.03 |

## 5.2.4 不同价格预期方式对比

在我国应用动态供给反应模型对农作物供给研究的文献中，大部分学者使用幼稚性预期形式对价格进行预期（蒋乃华，1988；董国新，2007；

马文杰等；2009；范垄基等，2012；林大燕等，2015），还有一些学者使用适应性预期形式预期价格（王春晓等，2005；陈飞等，2010）。不同时期，学者计算上一期价格弹性有所不同，稻谷播种面积的价格弹性在0.09～0.23，小麦价格弹性在0.06～0.16，玉米价格弹性在－0.02～0.17。适应性价格预期弹性计算方式与陈飞（2010）类似，但由于划分区间不同，结果也有一定差异：稻谷播种面积价格弹性为0.015～0.018，小麦为－0.020～0.044，玉米为－0.018～0.042。可以看出，价格在大量文献中对产量均有显著影响，影响的程度与研究时间、研究对象以及采用样本相关。虽然不同的研究文献中价格弹性有所不同，但统一的认知为农户会根据价格变化调整农业生产行为决策，农户行为是理性的。在农户行为理性的前提下，本研究对不同价格预期形式下的粮食作物供给反应情况进行比较分析（表5-11）。

表5-11　不同价格预期形式对播种面积和单位面积产量短期弹性对比

| | 幼稚性预期价格 | | 适应性预期价格 | | 理性预期价格 | |
|---|---|---|---|---|---|---|
| | 播种面积 | 单位面积产量 | 播种面积 | 单位面积产量 | 播种面积 | 单位面积产量 |
| 稻谷 | 0.069*** | 0.121*** | 0.037*** | 0.071** | 0.056** | 0.045 |
| 小麦 | 0.095*** | 0.141*** | 0.021 | 0.031 | 0.132*** | 0.142*** |
| 玉米 | 0.091*** | 0.093*** | 0.081*** | －0.039 | 0.069*** | 0.073** |
| 大豆 | －0.008 | 0.107* | 0.277*** | －0.023 | －0.062 | 0.04 |

　　研究结果发现，在同样的供给反应中幼稚性价格预期反而比适应性价格预期和理性价格预期对粮食作物播种面积及单位面积产量的影响更大，幼稚性预期除对大豆播种面积影响不显著，对其他作物播种面积和单位面积产量均有显著影响。适应性预期对小麦的播种面积及小麦、玉米、大豆的单位面积产量均无显著影响，理性预期对大豆播种面积和单位面积产量以及稻谷的单位面积产量影响均不显著。对稻谷、玉米来说，幼稚性价格预期的弹性更大。

　　从长期弹性来看，各种预期形式下价格长期弹性要明显大于短期弹性，价格变动使粮食产量在长期比短期调整的幅度更大。其中玉米、大豆总产量对适应性预期的长期弹性比幼稚性预期和理性预期弹性值更大。理性预期虽然应用的数据量较大，但其在模型中的表现并没有比其他两种预期更好。从数据获取及预期的难易程度和便捷性来说，幼稚性预期更加实际有效（表 5-12）。

表 5-12　不同价格预期形式对播种面积、单位面积
产量和总产量的长期弹性对比

| 作物 | 预期形式 | 变量 | 播种面积弹性 | | 单位面积产量弹性 | | 总产量弹性 | |
|---|---|---|---|---|---|---|---|---|
| | | | 2004 年前 | 2004 年后 | 2004 年前 | 2004 年后 | 2004 年前 | 2004 年后 |
| 水稻 | 幼稚性预期 | $P^r_{i(t-1)}$ | 0.59 | 0.63 | 0.17 | 0.22 | 0.77 | 0.85 |
| | 适应性预期 | $\hat{P}^\pi_{it}$ | 0.25 | 0.25 | 0.12 | 0.11 | 0.37 | 0.37 |
| | 理性预期 | $\hat{P}^{re}_{it}$ | 0.78 | 0.79 | — | — | 0.78 | 0.79 |
| 小麦 | 幼稚性预期 | $P^r_{i(t-1)}$ | 1.86 | 1.76 | 0.16 | −0.02 | 2.03 | 1.74 |
| | 适应性预期 | $\hat{P}^\pi_{it}$ | — | — | — | — | — | — |
| | 理性预期 | $\hat{P}^{re}_{it}$ | 2.64 | 2.43 | 0.24 | −0.02 | 2.88 | 2.41 |
| 玉米 | 幼稚性预期 | $P^r_{i(t-1)}$ | 0.67 | 0.71 | 0.14 | 0.12 | 0.81 | 0.83 |
| | 适应性预期 | $\hat{P}^\pi_{it}$ | 6.13 | 6.63 | — | — | 6.13 | 6.63 |
| | 理性预期 | $\hat{P}^{re}_{it}$ | 0.63 | 0.62 | −0.06 | −0.01 | 0.58 | 0.61 |
| 大豆 | 幼稚性预期 | $P^r_{i(t-1)}$ | — | — | 0.20 | 0.26 | 0.20 | 0.26 |
| | 适应性预期 | $\hat{P}^\pi_{it}$ | 1.99 | 2.02 | — | — | 1.99 | 2.02 |
| | 理性预期 | $\hat{P}^{re}_{it}$ | — | — | — | — | — | — |

## 5.3　本章小节

研究发现，在同样的供给反应中幼稚性价格预期反而比适应性价格预期和理性价格预期对粮食作物播种面积及单位面积产量的影响更大。幼稚性预期除对大豆播种面积影响不显著，对其他作物播种面积和单位面积产量均有显著影响。适应性预期对小麦的播种面积及小麦、玉米、大豆的单位面积产量均无显著影响，理性预期对大豆播种面积和单位面积产量以及稻谷的单位面积产量影响均不显著。对稻谷、玉米来说，幼稚性价格预期的弹性更大。因此从数据获取及预期的难易程度和便捷性来说，幼稚性预期在实际应用中也许更适合我国农业生产实际。

在三个模型结果中也发现，滞后一期播种面积和滞后一期单位面积产量是影响当期产量的最大的因素。其次为价格。灌溉面积、降水量在三个模型中对大多数作物单位面积产量有显著的正影响，自然风险对单位面积产量和总产量有显著的负影响，价格风险对粮食总产量为正向影响。因此，通过研究结果分析，可以为 2016 年开始的农业供给侧结构性改革提供启示。由于农作物播种面积及单位面积产量调整缓慢，农产品供给刚性，因此农业结构调整并不是一蹴而就的，要有充分的预期，政策调整步子不能过快。在关注粮食价格的同时，应通过农村基础设施建设，农业科技创新投资，农业基础设施建设，推广农业保险等方式，提高农业生产单位面积产量，在农产品价格降低的情况下增加农民收益，在有限耕地资源下实现生产效率最大化，减少农业生产经营风险。

# 第6章 动态供给反应模型比较：预期利润与预期价格

在研究农产品动态供给反应的文献中，大多数学者根据 Nerlove (2001) 模型设定方法，使用农产品价格作为自变量构建动态供给反应模型（例如 Lahiri et al.，1985；Rosegrant et al.，1998；Colby et al.，2000；Haile et al.，2015），分别研究不同国家稻谷、玉米、大豆与薯类等农产品的供给反应，考察农业政策、价格、灌溉、降水量等因素对粮食产量的影响。在对中国农产品的动态供给反应的研究中，学者们也大都以传统的价格变量构建 Nerlove 动态供给反应模型。但 Narayana 等（1981）认为 Nerlove 动态供给反应模型在设定时是存在缺陷的，根据农产品供给理论，在一定的生产技术水平下，农民会根据利润最大化原则进行生产决策。对比于使用价格构建的动态供给反应模型，利润代替价格更加合理。农民决策时不仅会考虑农产品价格，也会考虑许多不确定性因素对产量的影响。Narayana 等（1981）在研究印度多种作物预期收益、灌溉、降水量对各作物播种面积的影响，由于生产成本和预期利润数据不可获得，使用预期收益代替预期利润建立动态供给反应模型。随后 Kanwar 等（2008）借鉴这种方法研究了预期利润等变量对印度棉花、烤烟、油菜籽等7种经济作物产量的影响。结果表明，预期利润对产量的影响并不显著，而降水量、化肥价格、基础设施状况对印度主要经济作物产量的影响程度更大。

## 6.1 预期利润模型

由于预期利润数据的获取较困难，国内大多数学者均以价格作为影响产量的决定性因素构建动态供给反应模型，陈飞等（2010）、范垄基等

（2012）、Brockhaus 等（2015）分别使用差分 GMM 和系统 GMM 方法分析了各因素对小麦、稻谷、玉米的播种面积、单位面积产量及总产量的影响，分析结果表明，滞后一期播种面积、滞后一期单位面积产量、种植期间农产品价格、农业财政补贴、农村固定资产投资、非灌溉地区降水量、温度等因素对粮食产量具有显著影响。林大燕、朱晶（2015）分析了稻谷、小麦、玉米、大豆、油菜籽和棉花等主要农作物全国种植结构变化的原因，认为上期播种面积和上期价格是影响中国种植结构变化的主要因素。

目前，我国学者使用预期利润建立农产品动态供给反应模型的研究较少。利润与价格的含义不同是显而易见的，生产者在考虑种植哪种作物以及种植多少时，不但会预期未来的价格，也会考虑农业政策对成本和收入的影响。2004 年后，中央开始在全国范围内对粮食生产者实行补贴，并逐步取消农业税，每年投入上千亿元的各项农业补贴虽然不会直接提高农产品价格，但在很大程度上增加了农民实际收入，从而影响农民的生产决策。因此，建立以预期利润为主要影响因素的动态供给反应模型具有实际意义。

## 6.1.1　模型构建

假设当期预期收益与上一期预期利润和上一期实际利润相关，可以表示为：

$$\Pi_{it}^{e}=\Pi_{i(t-1)}^{e}+\beta'(\Pi_{i(t-1)}-\Pi_{i(t-1)}^{e}) \quad 0<\beta'\leqslant 1 \quad (6-1)$$

其中 $t=1$，$\cdots$，$n$，将预期利润用实际利润替换，将上式整理成无穷阶矩阵自回归模型（infinite-order AR process）：

$$\Pi_{it}^{e}=\sum_{\tau=0}^{\infty}\beta'(1-\beta')\Pi_{i(t-1-\tau)} \quad (6-2)$$

可以写成自回归移动平均模型（Auto Regressive Moving Average, ARMA）：

$$\Pi_{it}^{e}=b_1\Pi_{i(t-1)}+b_2\Pi_{i(t-2)}+\cdots+b_p\Pi_{i(t-p)}+\mu_{it}+c_1\mu_{i(t-1)}+\cdots+c_q\mu_{i(t-q)}$$

$$(6-3)$$

式中，$p$ 为自回归阶数，$q$ 为移动平均阶数，$\mu_{it}$ 是白噪声误差，如果 $\Pi_{it}$ 是不平稳的时间序列，则需要对 $\Pi_{it}$ 进行差分，则上式成为（$p$，$d$，

$q)$ 阶自回归求和移动平均模型（Autoregressive Integrated Moving Average），$d$ 为时间序列平稳时所做的差分次数。

对时间序列数据进行平衡性检验、自相关和偏自相关测试、残差独立性测试等，选择最适合的 $p$、$d$、$q$ 值，一般不超过 2，用估计的预期利润 $\Pi^e_{it}$ 代替预期利润 $\Pi_{it}$。

与适应性预期价格使用同样的预期方法，认为农民对一种作物的预期利润与可替代作物的预期利润相关，表示为 $\Pi^{re}_{it}=\Pi^e_{it}/0.5(\Pi^e_{jt}+\Pi^e_{kt})$，也就是说，作物 $i$ 的比较预期利润可以表示为其自身预期利润与两种替代作物 $j$ 和 $k$ 的平均预期利润的比值。一方面是由于作物之间存在替代性，只有利润比率的变化才真正影响各种作物播种面积的变化；另一方面也可以借此平减通货膨胀对利润的作用。根据不同省份地理位置及所种作物不同选取主要替代作物 $j$ 和 $k$，计算 $\hat{\Pi}^e_{jt}$、$\hat{\Pi}^e_{kt}$ 的值，再计算比较预期利润 $\hat{\Pi}^{re}_{it}$ 代替 $\Pi^{re}_{it}$。在选取替代作物时主要参考作物种植时间及种植面积，当只有一种替代作物时，公式可以简化为 $\hat{\Pi}^{re}_{it}=\hat{\Pi}^e_{it}/\hat{\Pi}^e_{jt}$。

$A_{it}$ 是作物 $i$ 在 $t$ 时期的播种面积，$A_{i(t-1)}$ 是 $t-1$ 期的播种面积，$A^d_{it}$ 是 $t$ 时期最合理的播种面积，而 $\varepsilon_{2it}$ 代表随机冲击，$\varepsilon_{2it}$ 服从于 $N(0, \sigma^2_{\varepsilon_2})$，$\gamma$ 是调整系数（表 6-1）。供给反应方程可以表示为：

$$A_{it}=\theta_0+\theta_1 A_{i(t-1)}+\theta_2\Pi^{re}_{it}+\theta_3 Z_{it}+e_{it} \qquad (6-4)$$

对式（6-4）中所有变量取对数，可计算出播种面积对各变量的短期弹性和长期弹性。

使用相同的分析方法，得到单位面积产量响应模型。

$$Y_{it}=\theta'_0+\theta'_1 Y_{i(t-1)}+\theta'_2\Pi^{re}_{it}+\theta'_3 Z'_{it}+e'_{it} \qquad (6-5)$$

计算出单位面积产量对各变量的短期弹性和长期弹性。

表 6-1　播种面积调整系数计算结果

| 作物 | 稻谷 | 小麦 | 玉米 | 大豆 |
|---|---|---|---|---|
| 调整系数 $\gamma$ | 0.108 | 0.011 | 0.142 | 0.117 |

由于利润在计算时已经包括化肥等投入品的生产成本，因此在预期利润的动态供给反应模型中没有再加入化肥价格变量。所有作物播种面积模型和单位面积产量模型的 Wald 检验都拒绝了参数为 0 的原假设，表明模

型设定较为合理。在 Arellano-Bond 二阶残差自相关检验中，玉米单位面积产量模型中加入滞后二阶因变量，以解决原模型中的二阶残差自相关问题。其余作物的播种面积模型和单位面积产量模型都不能拒绝二阶残差自相关为零的原假设[①]。

## 6.1.2　研究结果

### 1. 播种面积模型估计结果

我国粮食作物播种面积供给反应模型估计结果如表 6-2 所示。加入预期利润变量的动态供给反应模型表现出与前文加入预期价格变量的动态供给反应模型一些相同的特征及部分不同的特征，由于第五章主要侧重于对不同价格预期形式的对比分析，为进一步阐述其他变量及 2004 年后农业政策调整对粮食供给的影响，现对加入预期利润变量的动态供给反应模型结果进行详细分析。

表 6-2　**Arellano-Bond 动态面板模型估计结果——播种面积方程**

| 变量 | 稻谷 | 小麦 | 玉米 | 大豆 |
|---|---|---|---|---|
| 滞后一期播种面积 $A_{i(t-1)}$ | $0.892^{***}$ | $0.989^{***}$ | $0.858^{***}$ | $0.883^{***}$ |
|  | $(54.22)$ | $(46.48)$ | $(51.7)$ | $(28.9)$ |
| 预期利润 $\hat{\Pi}_{it}^{\pi}$ | $0.029^{***}$ | $0.033^{**}$ | $0.045^{***}$ | $0.059^{**}$ |
|  | $(2.64)$ | $(2.52)$ | $(2.71)$ | $(2.48)$ |
| 灌溉面积 $I_{it}$ | $0.021^{*}$ | $-0.047$ | $-0.008$ | $0.118^{***}$ |
|  | $(1.61)$ | $(-1.04)$ | $(-0.44)$ | $(2.70)$ |
| 播种前降水量 $R_{it}$ | $-0.011^{*}$ | $0.024$ | $-0.003$ | $0.013$ |
|  | $(-1.66)$ | $(1.47)$ | $(-0.38)$ | $(0.50)$ |
| 播种前温度 $TM_{it}$ | $0.000$ | $0.001$ | $0.001$ | $-0.001$ |
|  | $(0.84)$ | $(1.02)$ | $(1.31)$ | $(-1.21)$ |
| 价格风险 $PR_{it}$ | $0.017^{**}$ | $0.023^{***}$ | $0.008^{**}$ | $-0.007$ |
|  | $(2.34)$ | $(2.94)$ | $(2.39)$ | $(-1.17)$ |

---

①　玉米单位面积产量供给反应方程加入滞后二阶因变量，系数和 $T$ 值为 $0.238^{***}（-5.54）$，不再列入表中。

（续）

| 变量 | 稻谷 | 小麦 | 玉米 | 大豆 |
|------|------|------|------|------|
| 自然风险 $NR_{it}$ | −0.002 | −0.003 | −0.018* | 0.04 |
| | (−0.26) | (−0.38) | (−1.92) | (0.87) |
| 时间趋势 $T_{it}$ | −0.002** | −0.006*** | 0.001* | 0.000 |
| | (−2.44) | (−4.50) | (1.7) | (−0.11) |
| 政策虚拟变量 $PD_{it}$ | 2.298 | −9.706** | −2.76 | −5.964 |
| | (0.98) | (−2.50) | (−0.96) | (−0.63) |
| $\hat{\Pi}_{it}^{\pi} \times PD_{it}$ | −0.014 | 0.003 | −0.005 | −0.077*** |
| | (−1.57) | −0.22 | (−0.28) | (−3.34) |
| $I_{it} \times PD_{it}$ | −0.031 | −0.007 | −0.014 | −0.166* |
| | (−1.42) | (−0.15) | (−0.65) | (−1.74) |
| $R_{it} \times PD_{it}$ | 0.004 | −0.025 | −0.005 | 0.009 |
| | (0.34) | (−1.04) | (−0.45) | (0.20) |
| $TM_{it} \times PD_{it}$ | −0.000*** | 0.000 | −0.000** | 0.001* |
| | (−4.60) | (0.26) | (−2.44) | (1.65) |
| $PR_{it} \times PD_{it}$ | −0.014* | −0.002 | −0.013* | 0.070** |
| | (1.95) | (−0.10) | (−1.67) | (2.04) |
| $NR_{it} \times PD_{it}$ | −0.009 | 0.027* | 0.027** | −0.007 |
| | (−1.03) | (1.88) | (2.37) | (−0.17) |
| $T_{it} \times PD_{it}$ | −0.001 | 0.005** | 0.001 | 0.003 |
| | (−0.99) | (2.52) | (0.98) | (0.61) |
| 常数项 | 4.918*** | 11.834*** | −0.832 | 1.299 |
| | (2.97) | (4.52) | (−0.77) | (0.30) |
| 样本量 | 608 | 352 | 608 | 320 |
| $Wald\chi^2$ | 79 715.36 | 32 487.08 | 128 357.48 | 15 988.97 |
| P 值（1） | 0.000 | 0.000 | 0.000 | 0.000 |
| P 值（2） | 0.000 | 0.007 | 0.000 | 0.000 |
| $ABz$ 值 | 0.023 | 0.149 | 0.001 | 0.013 |
| P 值 | 0.238 | 0.882 | 0.061 | 0.105 |

　　注：播种前降水量为播种前 5 个月平均降水量，播种前温度为播种前 5 个月平均温度；＊＊＊、＊＊、＊是在 1%、5%、10%水平下显著；P 值（1）是政策虚拟变量以及政策虚拟变量与其他变量的交乘项系数都为 0 的概率，P 值（2）是政策虚拟变量与其他变量的交乘项系数都为 0 的概率；z 值是 Arellano-Bond 二阶自相关检验的统计量，P 值为相应概率。

上一期的播种面积对本期播种面积影响非常显著，在所有农产品的播种面积方程中均在1%的水平上统计显著，且在所有变量中$T$值最高，也是唯一对所有作物都有强显著性的变量，表明原有生产结构是影响农民生产决策最重要的因素。由于种植经验、自然资源、生产配套设施、技术等原因导致农户调整播种面积和种植结构的成本较高，因此农产品供给具有刚性。

预期利润对各农产品的影响都为正且在统计上是显著的。预期利润的短期弹性大豆（0.059）＞玉米（0.045）＞小麦（0.033）＞稻谷（0.029），这个结论与经验认知是一致的。稻谷和小麦是保障国家粮食安全的最主要农产品，国家对粮食作物的政策倾斜和价格调控力度远大于其他作物，且粮食作物具有播种面积大、种植地区集中、机械化程度高的特点，其产量和利润预期相对稳定，农民种植粮食时对利润的反应程度明显低于其他作物。

2004年农业政策改革后，稻谷和大豆播种面积对预期利润的弹性有所下降，预期利润对作物播种面积的影响在变弱（表6-4），通过文献阅读和政策环境分析，本书认为主要有两个原因：一是取消农业税及实施一系列惠农政策后，改变了农业种植亏损的状态，粮食作物更是实现旱涝保收，因此趋利的动力减弱。二是随着新世纪工业化、城镇化进程加快，农民种地收益只是家庭收入来源的一小部分，很多农民全年大部分时间投身于相对收入较高的二、三产业中，农民生活不依赖于种地收入，即使种地利润较少，农民还是会选择有种植经验、机械化程度高的作物以节约耕作时间和精力，因此利润影响决策行为的程度变小。但在政策转型前后，利润对农产品播种面积的调节作用是所有变量中最显著的。

灌溉面积对稻谷、大豆播种面积有显著的正影响，其中稻谷是唯一随着灌溉面积增加播种面积随之增加的粮食作物，稻谷生育期大部分时间都需要灌溉，而相对于粮食作物而言，稻谷的亩均收益比玉米和小麦高，当灌溉面积增加，生产条件适宜种水稻时，稻谷的播种面积会增加。灌溉面积对小麦和玉米和播种面积影响不显著，但对单产有十分显著的正影响（表6-3）。2004年农业政策转型后，灌溉面积对农产品播种面积的影响有所下降。

表 6 - 3    Arellano-Bond 动态面板模型估计结果——单位面积产量方程

| 变量 | 稻谷 | 小麦 | 玉米 | 大豆 |
|---|---|---|---|---|
| 滞后一期单产 $Y_{i(t-1)}$ | 0.523*** | 0.377*** | 0.291*** | 0.478*** |
| | (3.70) | (3.98) | (5.68) | (11.3) |
| 预期利润 $\hat{\Pi}_{it}^{\pi}$ | −0.007 | 0.040*** | 0.022 | −0.012 |
| | (−0.57) | (2.90) | (1.26) | (−0.21) |
| 灌溉面积 $I_{it}$ | 0.074*** | 0.036* | 0.141*** | 0.048 |
| | (3.54) | (0.17) | (3.13) | (0.60) |
| 播种前降水量 $R_{it}$ | −0.031 | 0.037 | 0.098*** | 0.182*** |
| | (−1.41) | (0.56) | (3.22) | (4.09) |
| 播种前温度 $TM_{it}$ | 0.001** | −0.002 | −0.003** | −0.001 |
| | (2.15) | (−1.36) | (−2.31) | (−1.25) |
| 价格风险 $PR_{it}$ | 0.011** | 0.01 | −0.005 | 0.009 |
| | (2.06) | (1.36) | (−0.59) | (0.83) |
| 自然风险 $NR_{it}$ | −0.063*** | −0.059** | −0.144*** | −0.223*** |
| | (−3.80) | (−2.02) | (−4.88) | (−7.85) |
| 时间趋势 $T_{it}$ | 0.005** | 0.011*** | 0.008*** | 0.007** |
| | (2.43) | (3.89) | (3.64) | (2.21) |
| 政策虚拟变量 $PD_{it}$ | 10.234** | 21.747** | 17.574*** | 34.817*** |
| | (2.31) | (2.17) | (3.09) | (3.16) |
| $\hat{\Pi}_{it}^{\pi} \times PD_{it}$ | 0.007 | −0.011 | −0.042** | 0.021 |
| | (0.54) | (−0.54) | (−2.07) | (0.37) |
| $I_{it} \times PD_{it}$ | −0.03 | 0.075 | −0.014 | 0.153 |
| | (−1.21) | (1.09) | (−0.27) | (1.07) |
| $R_{it} \times PD_{it}$ | −0.015** | −0.035** | 0.017 | −0.059*** |
| | (−2.13) | (−2.55) | (1.47) | (−2.84) |
| $TM_{it} \times PD_{it}$ | 0.036** | 0.034 | 0.085*** | 0.154*** |
| | (2.14) | (1.08) | (3.17) | (3.10) |
| $PR_{it} \times PD_{it}$ | 0.023 | 0.058 | −0.059* | −0.113 |
| | −0.89 | −0.75 | (−1.85) | (−1.56) |
| $NR_{it} \times PD_{it}$ | 0.000 | −0.001 | 0.001* | 0.001 |
| | (−0.71) | (−0.53) | (1.86) | (0.76) |

（续）

| 变量 | 稻谷 | 小麦 | 玉米 | 大豆 |
|---|---|---|---|---|
| $T_{it} \times PD_{it}$ | -0.005** | -0.011** | -0.009*** | -0.017*** |
| | (-2.33) | (-2.17) | (-3.08) | (-3.05) |
| 常数项 | -8.569** | -20.614*** | -15.828*** | -14.804** |
| | (-2.26) | (-3.75) | (-3.63) | (-2.37) |
| 样本量 | 608 | 352 | 589 | 320 |
| $Wald\chi^2$ | 444.49 | 638.55 | 30 765.80 | 28 021.28 |
| $P$ 值（1） | 0.000 1 | 0.000 0 | 0.000 0 | 0.000 0 |
| $P$ 值（2） | 0.000 6 | 0.000 0 | 0.000 0 | 0.000 0 |
| $ABz$ 值 | 0.010 | 0.009 | 0.000 | 0.017 |
| $P$ 值 | 0.261 | 0.364 | 0.112 | 0.129 |

注：种植期间降水量为种植期间月平均降水量，种植期间温度为种植期间月平均温度；***、**、*是在1%、5%、10%水平下显著；$P$值（1）是政策虚拟变量以及政策虚拟变量与其他变量的交叉项系数都为0的概率，$P$值（2）是政策虚拟变量与其他变量的交叉项系数为0的概率；$z$值是Arellano-Bond二阶自相关检验的统计量，$P$值为相应概率。

2004 年前，时间变量对稻谷、小麦作物播种面积短期影响为负，对玉米播种面积的影响为正。2004 年政策调整后，玉米播种面积对时间变量的短期弹性仍然为正值，而稻谷、小麦播种面积对时间变量的短期弹性依然为负值。随着时间变化，玉米播种面积有所上升，稻谷、小麦播种面积下降，促使玉米成为播种面积最大的作物，随之出现了农产品供给结构不合理、玉米库存持续上升、财政压力加大等一系列问题。为解决这一供给结构性矛盾，加强稻谷、小麦及经济作物技术投入，培育出品质好、产量高、环境适应性强的新品种，鼓励农民生产高端、优质农产品，在市场经济条件下增加农民结构调整收入是切实可行的办法。

**2. 单位面积产量模型估计结果**

单位面积产量方程结果如表 6-3 所示。所有作物都拒绝了虚拟变量和交乘项系数为 0 的假设，表明 2004 年政策转型前后单位面积产量供给反应存在差异。从模型结果看，模型拟合效果较好，解释变量的系数符号与本书假设基本一致。

上一期单位面积产量对本期产量影响十分显著，上一期单位面积产量在其他所有作物模型中均在 1% 的水平下显著。与播种面积方程相比，上期播种面积的短期弹性系数为 0.989～0.858，上期单位面积产量的短期弹性系数为 0.523～0.291，说明农民对单位面积产量的调节能力更强。

灌溉面积对水稻、小麦、玉米单位面积产量有显著的正影响。灌溉面积代表农业基础设施水平。改革开放以来，农业政策转变为以工促农、以城带乡的政策，农业基础设施投入显著增长，粮食单位面积产量普遍提高。2004 年以后，灌溉面积对单位面积产量的影响变动不大，对粮食作物单位面积产量依然是显著的正影响。可以看出，灌溉面积在稳定粮食增长、保障国家粮食安全期间作出巨大贡献。在未来的一段时间，灌溉面积仍然是提高农产品产量，保障农产品供给的有力措施。因此，在当前农业供给侧改革时期，国家对农产品价格支持政策减弱，市场化改革程度加深，增加单位面积产量可以在实现结构调整的同时保障农民收益和农产品供给。

自然风险变量在模型结果中表现十分突出，对所有作物的单位面积产量都有显著的负向影响，2004 年后，自然风险消极影响有所减弱，这与各级政策修建抵御自然灾害的基础设施、完善农业保险政策分不开。

与此同时，所有作物单位面积产量对时间变量有显著的正弹性，技术进步对单位面积产量的影响显而易见。虽然 2004 年后影响有所减弱，但仍是影响单位面积产量最重要的因素之一，这与近年来我国实行粮食安全战略有关。在未来农业结构调整期间，农业科学技术投入仍应予以重视，为保障粮食稳定供给及保障农民收入提供强大动力。

政策虚拟变量对所有作物的单位面积产量均有显著的正影响，可见 2004 年农业政策转型后推动土地流转、培养新型农业经济主体、建立农业服务体系等农业政策促进了粮食的有效供给，这一阶段的政策转型是非常成功的。

### 3. 总产量长期弹性

总产量对各变量的长期弹性计算结果见表 6-4。

### 表6-4 粮食播种面积、单位面积产量、总产量长期弹性

| 作物 | 变量 | 播种面积弹性 | | 单位面积产量弹性 | | 总产量弹性 | |
|---|---|---|---|---|---|---|---|
| | | 2004 年前 | 2004 年后 | 2004 年前 | 2004 年后 | 2004 年前 | 2004 年后 |
| 水稻 | $\hat{\Pi}_{it}^{\pi}$ | 0.27 | 0.25 | −0.01 | −0.01 | 0.25 | 0.25 |
| | $I_{it}$ | 0.19 | 0.16 | 0.16 | 0.13 | 0.35 | 0.29 |
| | $R_{it}$ | −0.10 | −0.10 | −0.06 | −0.04 | −0.17 | −0.14 |
| | $TM_{it}$ | 0.00 | 0.00 | 0.00 | 0.00 | 0.00 | 0.00 |
| | $PR_{it}$ | 0.16 | 0.14 | 0.02 | 0.01 | 0.18 | 0.15 |
| | $NR_{it}$ | −0.02 | −0.03 | −0.13 | −0.10 | −0.15 | −0.12 |
| | $T_{it}$ | −0.02 | −0.02 | 0.01 | 0.01 | −0.01 | −0.01 |
| 小麦 | $\hat{\Pi}_{it}^{\pi}$ | 3.00 | 3.00 | 0.06 | 0.05 | 3.06 | 3.06 |
| | $I_{it}$ | −4.27 | −4.28 | 0.06 | 0.13 | −4.21 | −4.15 |
| | $R_{it}$ | 2.18 | 2.16 | 0.06 | 0.12 | 2.24 | 2.27 |
| | $TM_{it}$ | 0.09 | 0.09 | 0.00 | 0.00 | 0.09 | 0.09 |
| | $PR_{it}$ | 2.09 | 2.09 | 0.02 | −0.02 | 2.11 | 2.07 |
| | $NR_{it}$ | −0.27 | −0.25 | −0.09 | −0.06 | −0.37 | −0.31 |
| | $T_{it}$ | −0.55 | −0.54 | 0.02 | 0.01 | −0.53 | −0.53 |
| 玉米 | $\hat{\Pi}_{it}^{\pi}$ | 0.32 | 0.31 | 0.03 | −0.01 | 0.35 | 0.30 |
| | $I_{it}$ | −0.06 | −0.07 | 0.20 | 0.18 | 0.14 | 0.11 |
| | $R_{it}$ | −0.02 | −0.03 | 0.14 | 0.08 | 0.12 | 0.05 |
| | $TM_{it}$ | 0.01 | 0.01 | 0.00 | 0.00 | 0.00 | 0.00 |
| | $PR_{it}$ | 0.06 | 0.04 | −0.01 | 0.01 | 0.05 | 0.05 |
| | $NR_{it}$ | −0.13 | −0.10 | −0.20 | −0.12 | −0.33 | −0.22 |
| | $T_{it}$ | 0.01 | 0.01 | 0.01 | 0.00 | 0.02 | 0.01 |
| 大豆 | $\hat{\Pi}_{it}^{\pi}$ | 0.50 | 0.43 | −0.02 | 0.00 | 0.48 | 0.43 |
| | $I_{it}$ | 1.01 | 0.84 | 0.09 | 0.24 | 1.10 | 1.09 |
| | $R_{it}$ | 0.11 | 0.12 | 0.35 | 0.24 | 0.46 | 0.36 |
| | $TM_{it}$ | −0.01 | −0.01 | 0.00 | 0.00 | −0.01 | −0.01 |
| | $PR_{it}$ | −0.06 | 0.01 | 0.02 | −0.04 | −0.04 | −0.03 |
| | $NR_{it}$ | 0.34 | 0.33 | −0.43 | −0.27 | −0.09 | 0.06 |
| | $T_{it}$ | 0.00 | 0.00 | 0.01 | 0.00 | 0.01 | 0.00 |

从总产量对各变量的长期弹性来看，预期利润主要通过影响播种面积进而影响总产量，各作物播种面积及单位面积产量的长期弹性明显大于短期弹性。即一种作物的利润比替代作物高时，长期内会显著刺激此种作物总产量的增长。2004 年后，总产量对预期利润的长期弹性有变小的趋势。其中，长期弹性最大的为小麦（3.06），其次为大豆（0.43）。利用农产品供给中利润最大化原理，可以通过改变农产品之间的比较收益，实现农业结构调整。

灌溉面积比例通过播种面积和单位面积产量共同影响总产量，是除预期利润外对多数作物总产量影响程度最大的变量，对水稻、玉米、大豆的总产量均有正向影响。因此加强农业基础设施建设可以为保障粮食供给提供基础。

对多数作物来说，降水量对总产量有积极影响，温度对总量的影响因作物品种而不同。但降水量和温度是很难人为控制的，只能通过农田水利工程、小流域治理等基础设施建设减少旱涝高温等自然灾害对总产量的影响。在有限的播种面积下，通过设施投入可以显著增加粮食产量，因此农业基础设施建设是保障粮食供给量、保证农业结构调整过程中口粮安全、实现农业增产增效的重要措施。

粮食作物单位面积产量对自然风险是负弹性，从而总产量对自然风险的长期弹性也为负。2004 年农业政策调整降低了自然风险对总产量的影响，其间修建抵御农业灾害的基础设施和推行农业保险政策发挥了重要的作用。

价格风险对总产量的影响是正的，虽然这与预期假设不同，但是也可以理解。由于国家对农产品价格的保护，2004 年出台了稻谷、小麦最低收购价政策，2007 年以来先后对主产区玉米、大豆实行了临时收储政策。这些政策的实施，使国内粮食总体高位运行，农民种粮积极性被调动，造成了收购价格、生产成本、价格风险、总产量同方向变动。但这样的情况并不会一直持续下去，由于 2016 年后实施农业供给侧结构性改革，粮食供给将会更趋向于市场化，对价格风险的防控应予以重视。

## 6.2 预期价格与预期利润模型比较

通过使用预期利润作为重要变量构建动态供给反应模型，可以发现预期利润在模型中的表现很好，对多种粮食作物的播种面积均有显著的正向影响。然而价格与利润两个变量在模型中是否有区别，哪个变量更能反映我国农业生产的实际情况值得深入研究。将两个因素分别放入供给反应模型中，控制其他变量，比较价格和利润弹性及显著水平。为观察更清晰，我们不放入政策变量（虚拟变量），并采用两种模型估计方法比较预期价格与预期利润在动态供给反应模型中的关系。

## 6.2.1　水稻

表 6-5 为水稻播种面积供给反应结果，预期利润动态供给反应模型（以下简称"利润模型"）（1）和（2）分别为系统 GMM 估计和一阶 GMM 估计对预期利润及相关变量对单产的影响结果，预期价格动态供给反应模型（以下简称"价格模型"）（3）和（4）为系统 GMM 估计和一阶 GMM 估计对预期价格及相关变量对单产的影响结果。在一阶 GMM 估计中，价格和利润对水稻播种面积都有显著的正影响。价格风险在一阶 GMM 估计和系统 GMM 估计中对水稻播种面积的影响都是显著为正的。自然灾害在所有估计模型中对播种面积的影响均显著为负。

表 6-5　水稻播种面积动态供给反应模型估计结果——
系统 GMM 估计和一阶 GMM 估计

| 变量 | 利润模型（1） | 利润模型（2） | 价格模型（3） | 价格模型（4） |
|---|---|---|---|---|
| 滞后一期播种面积 | 1.004\*\*\* | 0.879\*\*\* | 1.005\*\*\* | 0.891\*\*\* |
| | (269.14) | (20.77) | (285) | (21.13) |
| 利润/价格 | −0.001 | 0.047\*\*\* | 0.011 | 0.026\*\* |
| | (−0.31) | (2.75) | (1.55) | (2.31) |
| 灌溉面积 | −0.032\* | 0.028 | −0.027 | 0.028 |
| | (−1.88) | (1.59) | (−1.58) | (1.55) |
| 降水量 | −0.012\*\* | −0.003 | −0.009 | −0.003 |
| | (−2.34) | (−0.35) | (−1.69) | (−0.38) |
| 化肥投入 | 0.000 | −0.009 | 0 | −0.007 |
| | (0.08) | (−1.27) | (−0.12) | (−0.98) |

（续）

| 变量 | 利润模型（1） | 利润模型（2） | 价格模型（3） | 价格模型（4） |
|---|---|---|---|---|
| 价格风险 | 0.016*** | 0.012*** | 0.016*** | 0.014*** |
| | (3.71) | (3.63) | (3.70) | (4.29) |
| 自然风险 | −0.009** | −0.012** | −0.009** | −0.014*** |
| | (−2.44) | (−2.40) | (−2.59) | (−2.79) |
| Cons- | 0.013 | | −0.003 | |
| | (0.55) | | (−0.11) | |
| 估计方法 | System GMM | Difference GMM | System GMM | Difference GMM |
| 观测值 | 608 | 589 | 608 | 589 |
| p：F-Test | 0.000 | 0.000 | 0.000 | 0.000 |
| p：AR1 | 0.029 | 0.000 | 0.029 | 0.000 |
| p：AR2 | 0.215 | 0.182 | 0.209 | 0.376 |
| p：Hansen-J | 0.133 | 0.565 | 0.181 | 0.587 |
| p：Diff-Hansen | 1.000 | 1.000 | 1.000 | 1.000 |

注：使用一阶差分 GMM 估计方法时，预期利润和预期价格的动态供给反应模型中都加入滞后二阶、三阶、四阶因变量以解决二阶残差自相关问题，预期利润的动态供给反应模型中滞后二阶、三阶、四阶因变量的系数和 $T$ 值分别为，0.103*(1.81)、−0.222***(−3.94)、0.162***(3.93)。预期价格的动态供给反应模型中滞后二阶、三阶、四阶因变量的系数和 $T$ 值分别为 0.113**(1.99)、−0.219***(−3.89)、0.160***(3.91)。

表 6-6 为水稻单位面积产量供给反应结果，前一期单位面积产量对当期的影响在 1% 水平下显著，且弹性非常大。一阶差分 GMM 估计中水稻单位面积产量对利润的弹性显著为正。在所有模型估计中有效灌溉面积对水稻单位面积产量均有显著的正影响。但降水量对水稻单位面积产量在系统 GMM 估计中却有显著的负影响。化肥价格对水稻单位面积产量影响在三组结果中均在 10% 水平下都显著，化肥投入上涨会促进水稻的单位面积产量的增长。在四组估计结果中，自然风险对水稻单位面积产量均有显著的负影响。

由于总产量是单产与播种面积的乘积，播种面积弹性与单产弹性的和就是变量对总产量的短期弹性。表 6-7 为在供给反应模型中显著的变量分别相加得到的总产量弹性。可以看出价格与利润对水稻总产量都有正影响，总产量对有效灌溉面积的弹性在多数模型估计结果中为正，即有效灌溉面积增加，水稻总产量随之增加。降水量与有效灌溉面积的弹性正好相反，降水量增加反而减少了水稻的供给，也许是由于降水量使农民有了更多的选择，可能更多地种植旱地作物。化肥价格在四组结果中均显示为正弹性，化肥金额增加农民反而会种植更多的水稻。价格风险对水稻总产量的影响为正。水稻总产量对自然风险的弹性为负。

表 6-6　水稻单位面积产量动态供给反应模型估计结果——
系统 GMM 估计和一阶 GMM 估计

| 变量 | 利润模型（1） | 利润模型（2） | 价格模型（3） | 价格模型（4） |
|---|---|---|---|---|
| 滞后一期单产 | 0.829*** | 0.514*** | 0.830*** | 0.508*** |
| | (10.54) | (15.35) | (10.13) | (14.98) |
| 利润/价格 | 0.006 | 0.076*** | 0.002 | 0.019 |
| | (0.63) | (2.88) | (0.22) | (1.14) |
| 灌溉面积 | 0.031* | 0.127*** | 0.030* | 0.122*** |
| | (1.87) | (5.54) | (1.94) | (5.28) |
| 降水量 | −0.045* | −0.021 | −0.047** | −0.018 |
| | (−1.93) | (−0.82) | (−2.54) | (−0.71) |
| 化肥投入 | 0.01 | 0.048*** | 0.010* | 0.054*** |
| | (1.63) | (4.84) | (1.78) | (5.46) |
| 价格风险 | 0.004 | −0.005 | 0.004 | −0.002 |
| | (1.10) | (−1.00) | (1.11) | (−0.32) |
| 自然风险 | −0.045*** | −0.063*** | −0.046*** | −0.065*** |
| | (−4.55) | (−7.75) | (−4.62) | (−8.04) |
| Cons - | 0.573** | — | 0.581** | — |
| | (2.27) | — | (2.42) | — |
| 估计方法 | System GMM | Difference GMM | System GMM | Difference GMM |
| 观测值 | 608 | 589 | 608 | 589 |
| p：F-Test | 0.000 | 0.000 | 0.000 | 0.000 |
| p：AR1 | 0.023 | 0.000 | 0.022 | 0.000 |
| p：AR2 | 0.079 | 0.090 | 0.079 | 0.096 |
| p：Hansen-J | 0.997 | 0.833 | 0.996 | 0.811 |
| p：Diff-Hansen | 1.000 | 1.000 | 1.000 | 1.000 |

表6-7　水稻总产量短期弹性计算结果

| 变量 | 利润模型（1） | 利润模型（2） | 价格模型（3） | 价格模型（4） |
|---|---|---|---|---|
| 利润/价格 | — | 0.123 | — | 0.026 |
| 灌溉 | −0.001 | 0.127 | 0.03 | 0.122 |
| 降雨 | −0.057 | — | −0.047 | — |
| 化肥 | — | 0.048 | 0.01 | 0.054 |
| 价格风险 | 0.016 | 0.012 | 0.016 | 0.014 |
| 自然风险 | −0.054 | −0.075 | −0.055 | −0.079 |
| 估计方法 | System GMM | Difference GMM | System GMM | Difference GMM |

## 6.2.2 小麦

对于小麦播种面积动态供给反应模型来说，上一期的播种面积在系统 GMM 估计和一阶 GMM 估计中都有很强的显著性。从估计结果可以看出，利润和价格对小麦播种面积的影响为正。在一阶 GMM 估计中，小麦播种面积对有效灌溉面积为负弹性，而在系统 GMM 中小麦播种面积对降水量为正弹性。化肥价格总体来说对小麦播种面积具有显著的负向影响，而价格波动为显著的正向影响，自然灾害对小麦播种面积影响不显著（表6-8）。

表6-8　小麦播种面积动态供给反应模型估计结果——<br>系统 GMM 估计和一阶 GMM 估计

| 变量 | 利润模型（1） | 利润模型（2） | 价格模型（3） | 价格模型（4） |
|---|---|---|---|---|
| 滞后一期播种面积 | 0.985*** | 0.949*** | 1.003*** | 0.954*** |
|  | (134.61) | (61.03) | (189.04) | (61.99) |
| 利润/价格 | 0.036** | 0.036** | 0.025* | 0.044 |
|  | (3.16) | (2.46) | (1.87) | (1.27) |
| 灌溉面积 | 0.013** | −0.087*** | −0.002 | −0.091*** |
|  | (2.38) | (−3.58) | (−0.19) | (−3.74) |
| 降水量 | 0.017** | 0.001 | 0.027*** | 0.000 |
|  | (3.02) | (0.04) | (3.40) | (−0.00) |

（续）

| 变量 | 利润模型（1） | 利润模型（2） | 价格模型（3） | 价格模型（4） |
|---|---|---|---|---|
| 化肥投入 | −0.024** | −0.025** | −0.025** | −0.028*** |
| | （−2.79） | （−2.55） | （−2.74） | （−2.84） |
| 价格风险 | 0.022** | 0.023*** | 0.021** | 0.022*** |
| | （2.89） | （3.16） | （2.76） | （2.89） |
| 自然风险 | −0.008 | −0.005 | −0.011 | −0.005 |
| | （−1.13） | （−0.50） | （−1.51） | （−0.51） |
| Cons - | −0.025 | — | −0.224** | — |
| | （−0.28） | — | （−2.34） | — |
| 估计方法 | System GMM | Difference GMM | System GMM | Difference GMM |
| 观测值 | 352 | 341 | 352 | 341 |
| p：F-Test | 0.000 | 0.000 | 0.000 | 0.000 |
| p：AR1 | 0.126 | 0.000 | 0.132 | 0.000 |
| p：AR2 | 0.725 | 0.653 | 0.828 | 0.828 |
| p：Hansen-J | 1.000 | 0.325 | 1.000 | 0.459 |
| p：Diff-Hansen | 1.000 | 0.638 | 1.000 | 0.830 |

在小麦单位面积产量模型中，上一期的单位面积产量对当期单产有不可替代的正向影响。在系统 GMM 估计中，灌溉对小麦单位面积产量具有正向影响，降水量在三组结果中都对小麦播种面积具有正向影响。化肥价格对小麦单位面积产量有显著的正影响，而自然灾害对小麦单位面积产量有显著的负影响（表 6-9）。

**表 6-9　小麦单位面积产量动态供给反应模型估计结果——系统 GMM 估计和一阶 GMM 估计**

| 变量 | 利润模型（1） | 利润模型（2） | 价格模型（3） | 价格模型（4） |
|---|---|---|---|---|
| 滞后一期单产 | 0.753*** | 0.547*** | 0.793*** | 0.547*** |
| | −11.75 | −12.63 | −12.78 | −12.63 |
| 利润/价格 | 0.046** | −0.005 | 0.005 | 0.033 |
| | −2.64 | （−0.24） | −0.38 | −0.65 |

（续）

| 变量 | 利润模型（1） | 利润模型（2） | 价格模型（3） | 价格模型（4） |
|---|---|---|---|---|
| 灌溉面积 | 0.078*** | 0.034 | 0.072*** | 0.036 |
| | −4.01 | −1.02 | −3.43 | −1.11 |
| 降水量 | 0.006 | 0.086** | 0.013** | 0.085** |
| | −0.88 | −2.22 | −2.34 | −2.2 |
| 化肥投入 | 0.040** | 0.079*** | 0.030** | 0.078*** |
| | −2.97 | −4.75 | −2.46 | −4.64 |
| 价格风险 | 0.006 | 0.006 | 0.008 | 0.004 |
| | −1.01 | −0.52 | −1.25 | −0.34 |
| 自然风险 | −0.067*** | −0.086*** | −0.063*** | −0.086*** |
| | (−3.36) | (−5.99) | (−3.45) | (−6.02) |
| Cons − | 0.495*** | — | 0.370*** | — |
| | −4.2 | — | −3.25 | — |
| 估计方法 | System GMM | Difference GMM | System GMM | Difference GMM |
| 观测值 | 352 | 341 | 352 | 341 |
| p：F-Test | 0.000 | 0.000 | 0.000 | 0.000 |
| p：AR1 | 0.022 | 0.000 | 0.022 | 0.000 |
| p：AR2 | 0.198 | 0.113 | 0.219 | 0.093 |
| p：Hansen-J | 0.997 | 0.961 | 0.997 | 0.960 |
| p：Diff-Hansen | 1.000 | 0.689 | 1.000 | 0.992 |

将播种面积与单产模型估计结果的弹性相加，得到小麦总产量的短期弹性，由表 6-10 可以看出，利润和价格对小麦总产量影响显著为正，灌溉对小麦影响无法确定，降水量对小麦总产量的影响为正。化肥、价格风险对小麦总产量有正影响，而自然灾害对小麦总产量有负影响。

表 6-10 小麦总产量短期弹性计算结果

| 变量 | 利润模型（1） | 利润模型（2） | 价格模型（3） | 价格模型（4） |
|---|---|---|---|---|
| 利润/价格 | 0.082 | 0.036 | 0.025 | — |
| 灌溉 | 0.091 | −0.087 | 0.072 | −0.091 |
| 降雨 | 0.017 | 0.086 | 0.04 | 0.085 |

（续）

| 变量 | 利润模型（1） | 利润模型（2） | 价格模型（3） | 价格模型（4） |
|---|---|---|---|---|
| 化肥 | 0.016 | 0.054 | 0.005 | 0.05 |
| 价格风险 | 0.022 | 0.023 | 0.021 | 0.022 |
| 自然风险 | −0.067 | −0.086 | −0.063 | −0.086 |
| 估计方法 | System GMM | Difference GMM | System GMM | Difference GMM |

## 6.2.3 玉米

在玉米播种面积模型中，本期播种面积对上一期的播种面积有很大的正弹性，此外，玉米播种面积模型中加入了滞后二阶和三阶因变量以解决二阶残差自相关问题。利润和价格在三组模型中都显著，表明利润和价格促进了玉米播种面积的增长。降水量对玉米播种面积有负向影响。价格波动会对玉米播种面积有促进作用，而自然灾害有显著的消极作用（表 6 - 11）。

表 6 - 11 玉米播种面积动态供给反应模型估计结果——

系统 GMM 估计和一阶 GMM 估计

| 变量 | 利润模型（1） | 利润模型（2） | 价格模型（3） | 价格模型（4） |
|---|---|---|---|---|
| 滞后一期播种面积 | 0.931*** | 0.888*** | 0.975*** | 0.893*** |
| | (17.62) | (21.96) | (18.96) | (22.06) |
| 滞后二期播种面积 | −0.041 | −0.044 | −0.066 | −0.041 |
| | (−0.68) | (−0.82) | (−1.06) | (−0.76) |
| 滞后三期播种面积 | 0.093** | 0.106*** | 0.076* | 0.098*** |
| | (2.46) | (2.83) | (2.05) | (2.60) |
| 利润/价格 | 0.039*** | 0.043*** | 0.006 | 0.098*** |
| | (4.08) | (5.57) | (1.35) | (5.60) |
| 灌溉面积 | −0.020** | −0.001 | −0.01 | −0.001 |
| | (−2.84) | (−0.06) | (−1.57) | (−0.07) |
| 降水量 | −0.014*** | −0.007 | −0.016*** | −0.009 |
| | (−6.39) | (−0.94) | (−4.06) | (−1.12) |
| 化肥投入 | −0.013* | −0.009 | −0.006 | −0.003 |
| | (−1.90) | (−1.39) | (−1.02) | (−0.45) |

（续）

| 变量 | 利润模型（1） | 利润模型（2） | 价格模型（3） | 价格模型（4） |
|---|---|---|---|---|
| 价格风险 | 0.011*** | 0.009** | 0.014*** | 0.009** |
| | （3.44） | （2.22） | （4.27） | （2.08） |
| 自然风险 | −0.013*** | −0.019*** | −0.012*** | −0.017*** |
| | （−3.47） | （−3.71） | （−3.32） | （−3.28） |
| Cons- | 0.126*** | — | 0.150*** | — |
| | （3.26） | — | （3.94） | — |
| 估计方法 | System GMM | Difference GMM | System GMM | Difference GMM |
| 观测值 | 570 | 551 | 570 | 551 |
| p：F-Test | 0.000 | 0.000 | 0.000 | 0.000 |
| p：AR1 | 0.001 | 0.000 | 0.001 | 0.000 |
| p：AR2 | 0.121 | 0.059 | 0.214 | 0.379 |
| p：Hansen-J | 1.000 | 0.094 | 1.000 | 0.325 |
| p：Diff-Hansen | 1.000 | 0.792 | 1.000 | 0.721 |

在玉米单位面积产量模型中，为解决二阶残差自相关问题，加入了滞后二期和三期单位面积产量。价格和利润对玉米播种面积和单位面积产量的影响均不显著。降水量对玉米单产的影响有正有负，无法判断。化肥投入一阶差分 GMM 估计中对玉米单位面积产量有正向影响。自然灾害有显著的负向影响（表6-12）。

表6-12　玉米单位面积产量动态供给反应模型估计结果——
系统 GMM 估计和一阶 GMM 估计

| 变量 | 利润模型（1） | 利润模型（2） | 价格模型（3） | 价格模型（4） |
|---|---|---|---|---|
| 滞后一期单产 | 0.337*** | 0.243*** | 0.342*** | 0.248*** |
| | （7.03） | （6.58） | （7.18） | （6.75） |
| 滞后二期单产 | 0.303*** | 0.204*** | 0.303*** | 0.206*** |
| | （7.00） | （5.76） | （6.97） | （5.80） |
| 滞后三期单产 | 0.204*** | 0.140*** | 0.206*** | 0.149*** |
| | （4.82） | （4.07） | （4.96） | （4.29） |

（续）

| 变量 | 利润模型（1） | 利润模型（2） | 价格模型（3） | 价格模型（4） |
|---|---|---|---|---|
| 利润/价格 | 0.013 | 0.017 | 0.00 | −0.017 |
| | (1.46) | (1.39) | (−0.06) | (−0.63) |
| 灌溉面积 | 0.002 | −0.013 | 0.003 | −0.01 |
| | (0.32) | (−0.59) | (0.42) | (−0.44) |
| 降水量 | −0.031*** | 0.125*** | −0.031*** | 0.128*** |
| | (−3.93) | (4.92) | (−3.63) | (5.03) |
| 化肥投入 | −0.01 | 0.050*** | −0.009 | 0.050*** |
| | (−0.92) | (4.01) | (−0.87) | (4.00) |
| 价格风险 | 0.000 | −0.004 | 0.002 | −0.001 |
| | (0.08) | (−0.70) | (0.39) | (−0.21) |
| 自然风险 | −0.058*** | −0.073*** | −0.057*** | −0.074*** |
| | (−5.17) | (−9.03) | (−5.01) | (−9.00) |
| Cons - | 0.302*** | — | 0.290*** | — |
| | (3.29) | — | (3.30) | — |
| 估计方法 | System GMM | Difference GMM | System GMM | Difference GMM |
| 观测值 | 570 | 551 | 570 | 551 |
| p：F-Test | 0.000 | 0.000 | 0.000 | 0.000 |
| p：AR1 | 0.000 | 0.000 | 0.000 | 0.000 |
| p：AR2 | 0.105 | 0.658 | 0.116 | 0.671 |
| p：Hansen-J | 1.000 | 0.091 | 1.000 | 0.090 |
| p：Diff-Hansen | 1.000 | 0.836 | 1.000 | 0.660 |

总的来说，利润和价格对玉米的总产量有正影响，价格波动与玉米供给呈正相关。自然灾害对玉米总产量有负影响（表6-13）。

表6-13　玉米总产量短期弹性计算结果

| 变量 | 利润模型（1） | 利润模型（2） | 价格模型（3） | 价格模型（4） |
|---|---|---|---|---|
| 利润/价格 | 0.039 | 0.043 | — | 0.098 |
| 灌溉 | −0.02 | — | — | — |
| 降雨 | −0.045 | 0.125 | −0.047 | 0.128 |

（续）

| 变量 | 利润模型（1） | 利润模型（2） | 价格模型（3） | 价格模型（4） |
|---|---|---|---|---|
| 化肥 | −0.013 | 0.05 | — | 0.05 |
| 价格风险 | 0.011 | 0.009 | 0.014 | 0.009 |
| 自然风险 | −0.071 | −0.092 | −0.069 | −0.091 |
| 估计方法 | System GMM | Difference GMM | System GMM | Difference GMM |

## 6.2.4　大豆

大豆最初作为主要粮食作物被广泛种植，随着国际大豆价格对我国的冲击，加之我国大豆不具备竞争力，大豆进口量不断增加，国内大豆产量不断下降。鉴于大豆主要作为油料来源，对我国粮食安全的影响并不大，最终我国放弃大豆完全自给，而是将国内、国外两大市场共同作为大豆作物的来源。近年来，由于我国农业结构性矛盾凸显，大豆种植问题又回到人们的视野。大豆虽然被大多数学者划归为粮食，但是其与水稻、小麦、玉米传统粮食作物存在很大不同。大豆在我国农产品中具有很强的代表性，一方面，大豆可以作为粮食市场化的示例，未来玉米、水稻、小麦可能也面临市场化问题，大豆可以作为先例来研究；另一方面，大豆也是现阶段农业供给侧结构性改革鼓励种植的作物，可以研究在市场化的前提下如何保障本国农业发展的问题。

在大豆播种面积动态供给反应模型中，大豆播种面积对价格具有显著的正弹性，而利润对大豆播种面积不显著，其他变量没有表现特别突出的，而自然灾害竟然在三组模型中均对大豆播种面积有显著的正影响，是否可以理解为自然灾害发生造成其他作物的播种面积下降，反而使大豆播种面积上升（表6-14）。

在大豆单位面积产量方程中，价格和利润对大豆单产的影响均不显著，降水量对大豆单产的影响为正，大豆种植主要还是靠天吃饭，而自然灾害对大豆单位面积产量存在负向影响（表6-15）。

由表6-16可以看出，价格对大豆总产量的影响为正，价格的上涨会促进大豆产量的增加。降水量对单位面积产量有正向影响，化肥价格上升会促进大豆产量的供给，自然风险对大豆总产量有负向影响。

### 表6-14 大豆播种面积动态供给反应模型估计结果——
### 系统 GMM 估计和一阶 GMM 估计

| 变量 | 利润模型（1） | 利润模型（2） | 价格模型（3） | 价格模型（4） |
|---|---|---|---|---|
| 滞后一期播种面积 | 0.988*** | 0.885*** | 0.988*** | 0.884*** |
| | (101.25) | (35.78) | (102.79) | (37.49) |
| 利润/价格 | −0.009 | −0.007 | 0.015* | 0.298*** |
| | (−1.72) | (−0.76) | (2.22) | (5.43) |
| 灌溉面积 | −0.040*** | 0.011 | −0.019 | 0.036 |
| | (−3.32) | (0.23) | (−1.01) | (0.80) |
| 降水量 | 0.005 | 0.016 | 0.004 | 0.007 |
| | (0.60) | (0.68) | (0.52) | (0.32) |
| 化肥投入 | −0.006 | −0.017 | −0.009 | −0.016 |
| | (−0.35) | (−1.06) | (−0.55) | (−0.99) |
| 价格风险 | 0.018 | 0.024** | 0.016 | 0.016 |
| | (1.63) | (2.07) | (1.63) | (1.48) |
| 自然风险 | 0.034* | 0.051*** | 0.029 | 0.036** |
| | (1.96) | (3.17) | (1.62) | (2.31) |
| Cons- | 0.057 | — | 0.068 | — |
| | (0.54) | — | (0.67) | — |
| 估计方法 | System GMM | Difference GMM | System GMM | Difference GMM |
| 观测值 | 320 | 310 | 320 | 310 |
| p：F-Test | 0.000 | 0.000 | 0.000 | 0.000 |
| p：AR1 | 0.023 | 0.000 | 0.024 | 0.000 |
| p：AR2 | 0.101 | 0.052 | 0.105 | 0.393 |
| p：Hansen-J | 1.000 | 0.443 | 1.000 | 0.461 |
| p：Diff-Hansen | 1.000 | 0.635 | 0.983 | 0.857 |

表 6-15　大豆单位面积产量动态供给反应模型估计结果——
系统 GMM 估计和一阶 GMM 估计

| 变量 | 利润模型（1） | 利润模型（2） | 价格模型（3） | 价格模型（4） |
|---|---|---|---|---|
| 滞后一期单产 | 0.682*** | 0.313*** | 0.684*** | 0.318*** |
| | (13.86) | (6.21) | (14.08) | (6.25) |
| 利润/价格 | 0.003 | 0.003 | 0.01 | 0.058 |
| | (0.34) | (0.3) | (0.51) | (0.83) |
| 灌溉面积 | 0.022 | 0.058 | 0.033 | 0.062 |
| | (0.40) | (1.02) | (0.55) | (1.08) |
| 降水量 | 0.037 | 0.163*** | 0.039 | 0.163*** |
| | (0.56) | (2.88) | (0.60) | (2.87) |
| 化肥投入 | 0.029 | 0.038* | 0.027 | 0.037* |
| | (1.62) | (1.81) | (1.62) | (1.77) |
| 价格风险 | −0.002 | −0.01 | −0.002 | −0.011 |
| | (−0.30) | (−0.68) | (−0.32) | (−0.72) |
| 自然风险 | −0.101*** | −0.076*** | −0.104*** | −0.079*** |
| | (−3.58) | (−3.74) | (−3.80) | (−3.82) |
| Cons - | 0.031 | — | 0.011 | — |
| | (0.12) | — | (0.05) | — |
| 估计方法 | System GMM | Difference GMM | System GMM | Difference GMM |
| 观测值 | 320 | 310 | 320 | 310 |
| p：F-Test | 0.000 | 0.000 | 0.000 | 0.000 |
| p：AR1 | 0.009 | 0.009 | 0.009 | 0.000 |
| p：AR2 | 0.075 | 0.311 | 0.077 | 0.289 |
| p：Hansen-J | 1.000 | 0.165 | 1.000 | 0.180 |
| p：Diff-Hansen | 1.000 | 1.000 | 1.000 | 1.000 |

注：一阶差分 GMM 估计中，预期利润和预期价格的动态供给反应模型中都加入滞后二阶因变量以解决二阶残差自相关问题，系数和 $T$ 值分别为 0.276***（5.42）和 0.280***（5.47）。

**表 6 - 16　大豆总产量短期弹性计算结果**

| 变量 | 利润模型（1） | 利润模型（2） | 价格模型（3） | 价格模型（4） |
|---|---|---|---|---|
| 利润/价格 | — | — | 0.015 | 0.298 |
| 灌溉 | −0.04 | — | — | — |
| 降雨 | — | 0.163 | — | 0.163 |
| 化肥 | — | 0.038 | — | 0.037 |
| 价格风险 | — | 0.024 | — | — |
| 自然风险 | −0.067 | −0.025 | −0.104 | −0.043 |
| 估计方法 | System GMM | Difference GMM | System GMM | Difference GMM |

## 6.2.5　预期利润与预期价格比较分析

在控制相同变量的情况下，对各作物利润和价格两个变量进行比较，水稻、小麦利润对水稻、小麦、玉米供给的影响都明显大于价格的影响。水稻利润与价格长期弹性的差值达 0.306，小麦利润与价格长期弹性的差值达 10.919，水稻和小麦是农业政策重点关注的口粮，因此预期利润比预期价格对总产量的弹性更大。大豆与水稻、小麦正好相反，大豆供给主要依靠市场调节，因此其产量主要受市场价格影响（表 6 - 17）。

**表 6 - 17　粮食总产量长期弹性结果比较**

| | 利润弹性 | 价格弹性 | 利润弹性—价格弹性 | 利润弹性 | 价格弹性 | 利润弹性—价格弹性 |
|---|---|---|---|---|---|---|
| 水稻 | — | — | — | 0.545 | 0.239 | 0.306 |
| 小麦 | 2.586 | −8.333 | 10.919 | 0.706 | — | 0.706 |
| 玉米 | 0.565 | — | 0.565 | 0.384 | 0.916 | −0.532 |
| 大豆 | — | 1.250 | −1.25 | — | 2.569 | −2.569 |
| 估计方法 | | System GMM | | | Difference GMM | |

我们使用的利润是纯利润，是由价格、单产组成的毛利润，减去人工成本、化肥费用、农药费用、机械费用等组成的成本，加上国家相关补贴等计算得来。农民在进行决策时，直观的价格一定会作为主要的参考条

件，但随着每年价格的上涨，人工成本、生产资料投入费用也在上涨，雇工费用、化肥价格、机械价格等会影响农民种植前及种植中的决策行为。同时，国家补贴等政策也会促进农民选择有补贴的作物。

学术界一般认为，农产品市场更接近于经济学理论中的完全竞争市场，在完全竞争市场内，投入品价格和农产品价格应表示均衡状态下的市场交易情况，价格和利润在动态供给模型中的影响应该是相同的。但是中国的农产品市场并不是这种情况，改革开放以来，我国实行了一系列推动农业生产、粮食增收的惠农政策，这些政策的实施使农产品价格和利润中加入了政策的成分，价格政策体现在农产品价格和利润中，而每年上千亿元的农业补贴性投入则在农产品价格不显著增长的情况下增加了农民收入。从这个角度来看，利润在模型中对总产量的影响可以划分为价格效应和补贴效应两部分，即利润效应—价格效应＝补贴效应。

对水稻、小麦、玉米和大豆的主产省份进行系统 GMM 估计和一阶 GMM 估计粮食的供给反应，我们发现：①主要粮食作物水稻、小麦对利润的反应要强于对价格的反应；②我国大豆作物面临国际市场价格的冲击，大豆主要依据市场价格调整供给；③价格风险几乎对所有作物总产量均有显著的正影响，这与市场经济不符，应避免价格波动对农民利益的损害；④自然风险对所有作物总产量均有显著的负影响，应加强自然灾害救济和农业保险等保障措施。

## 6.3　本章小节

通过建立水稻、玉米、小麦、大豆动态供给反应模型，引入预期利润变量，发现模型拟合效果较好。与印度学者 Kanwar（2008）对印度经济作物分析结果不同，预期利润对大多数粮食作物播种面积及总产量具有显著的正影响，作用程度因作物品种、种植面积存在差异。滞后一期播种面积和单位面积产量是影响粮食供给最重要的因素，粮食供给具有刚性。灌溉面积、技术进步对单位面积产量都有显著正效应，自然风险对所有作物单位面积产量及总产量均有显著负效应。稻谷、小麦播种面积对时间变量的短期弹性都为负，而玉米播种面积对时间变量的短期弹性为正，即随着时间变化，玉米播种面积有所上升，稻谷、小麦播种面积下降，玉米成为播种面积最大的作物。政策虚拟变量对各粮食作物单位面积产量有显著的正向影响，可以认为2004年后的农业政策促进了粮食单产的增长，农业政策调整是成功的。2004年农业政策调整后，预期利润、自然风险对作物的影响变弱，表明我国对农业的保护使农业生产抗灾能力不断增强。因此可以得出结论，调整预期利润是供给侧结构性改革的有效手段，可以充分利用预期利润与农产品产量的关系，通过改变比较收益和农民预期，理顺农产品市场，完善粮食购销制度综合改革方案，实现优质优价、物稀价高，推动农民生产从数量向质量转变，加强稻谷、小麦及经济作物技术投入，培育出品质好、产量高、环境适应性强的新品种，鼓励农民生产高端、优质农产品，加强农业基础设施建设，完善农业风险补偿机制应当作为我国农业政策关注的重点。

从不同粮食作物预期利润与预期价格动态供给反应模型对比来看，水稻、小麦等多个模型均显示出预期利润弹性系数比预期价格弹性系数普遍偏大，也就是说主要粮食作物水稻、小麦对利润的反应要强于对价格的反应。对于大豆作物国家保护政策较少，大豆生产面临国际市场价格的冲击，因此大豆主要依据市场价格调整供给。通过多个模型估计，可以进一步验证其他变量中一些与预期假设不同的变量对粮食供给的作用。研究发现价格风险在所有模型中均对粮食供给显示出正向影响，虽然这个结论与预期假设不同且与Kanwar等（2008）对其他国家农作物供给反应的结论不同，但是经过多次验证，我们接受这样的结论，这可能与我国之前粮食市场特征及国家实行的粮食保护政策有关。

2016年中央实施农业供给侧结构性改革以来，农业政策发生了调整，国家对农产品价格支持政策的力度减弱，市场化改革程度加深。从2016年起取消了实行8年的玉米临时收储政策，稻谷最低收购价在2016—2018年连续下降。在生产成本不变的情况下，农民种粮利润显著下降，玉米和稻谷播种面积随之向下调整。农业政策调整使农民预期利润发生变化，从而推动了农业供给侧结构性改革，但政策调整也造成了种粮农民收入损失上千亿元（曹慧等，2017）。调结构并不必然导致农民收入降低，但部分农民对利润的预期与政策调整不匹配、农民对价格风险的防范意识弱和政府保障农民收入相关配套措施不足，造成了农民利益损失。因此应注重建立价格风险机制，转变农民粮食价格只升不降的预期，培育农民有效规避风险的能力。

# 第 7 章 　 农业政策调整对粮食供给的影响

　　由于农业的弱质性，20 世纪 80 年代中期以前，农业支持政策被经济发达国家、新兴工业化国家和地区广泛用于保护本国农业的发展。无论是发达国家还是发展中国家，农业保护政策都是保障本国粮食供给、保护农民利润的重要途径。本章首先对我国农业政策类型及不同时期政策进行划分，提出价格支持政策对粮食市场的作用，通过对最低收购价格政策调整的模拟，分析农业政策调整对我国粮食供给的影响。

## 7.1 　 我国农业政策的类型及阶段划分

　　随着经济的发展，我国农业政策也发生很大变化，参考 WTO《农业协议》以及 OECD 的 PSE 政策分类标准对中国当前农业保护政策进行划分，将中国农业保护政策划分为边境保护政策、"黄箱"政策和"绿箱"政策三类（表 7-1）。我国农业保护政策以保供给、促增收为主要政策目标（程国强等，2012），一方面农业政策通过与农产品价格、农资投入品使用、农民收入、播种面积、产量等挂钩实现宏观调控的目的；另一方面政府通过公共财政支持为农业生产提供有利环境，从而保障农产品供给和农民收入。

　　其中"黄箱"政策是对粮食市场产生扭曲的农业政策，我国现行的许多农业政策都是"黄箱"政策，其中与特定作物播种面积挂钩的粮食直补，以及农资投入品使用农资综合补贴、良种补贴、农机具购置补贴都是"黄箱"政策的范围。而与计税面积挂钩的粮食直补、农资综合补贴、良种补贴，由于其对粮食生产不产生影响，因此属于"绿箱"政策。

　　我国粮食产量波动的过程也是农业政策调整的过程，每个粮食发展阶段所面临的问题并不相同，为解决问题所推行的政策也因时而异。依据第

三章我国粮食产量发展阶段划分方式，可以将改革开放以来我国农业政策
实施也相应划分为 6 个阶段，不同阶段农业政策特色明显，政策目标及效
果显著不同（表 7-2）。

表 7-1　中国农业政策分类

| 政策类别 | 政策内容 | 政策作用路径 | 政策措施 |
|---|---|---|---|
| 边境保护政策 | 国际贸易政策 | 协议制定 | 进口关税、配额、自由贸易协定章程 |
| "黄箱"政策 | 市场价格支持 | 与农产品价格挂钩 | 最低收购价、临时收储 |
|  | 农业生产资料补贴 | 与播种面积、农资投入品使用挂钩 | 粮食直补、农资综合补贴、良种补贴、农机具购置补贴、农业保险保费补贴 |
|  | 保证价格 | 与农民收入挂钩 | 目标价格政策 |
| "绿箱"政策 | 对生产者的直接支付 | 与计税面积挂钩 | 粮食直补、农资综合补贴、良种补贴 |
|  | 自然灾害救济支付 | 与农民收入挂钩 | 自然灾害救济补贴 |
|  | 环境保护计划支付 | 脱钩补贴 | 退耕还林补贴、退牧还草补贴 |
|  | 农村扶贫项目 | 脱钩补贴 | 就近就业补贴、教育补贴、产业扶贫 |
|  | 一般性政府服务 | 脱钩补贴 | 农业综合开发、现代农业示范项目、农业科技入户项目、动植物疫病防控体系建设、农业基础设施建设、农技推广体系建设、测土配方施肥补贴、粮食安全储备支出、农民专业合作社支持专项、产粮大县奖励、新型农民科技培训工程 |

表 7-2　改革开放以来不同时期的主要农业政策

| 时期 | 主要农业政策 | 政策目标 |
|---|---|---|
| 1978—1984 年 | 统购统销价、超购价、家庭联产承包责任制 | 调动农民的生产积极性，促进粮食产量的增长 |

（续）

| 时期 | 主要农业政策 | 政策目标 |
|---|---|---|
| 1985—1993 年 | 合同定购、取消粮食统销制度、由双轨制向市场经济转变 | 探索市场经济 |
| 1994—1998 年 | 粮食保护价、粮食省长负责制 | 保障粮食市场供应量，粮食安全 |
| 1999—2003 年 | 粮食流通体制改革、农业结构调整 | 调减粮食播种面积，提高农产品质量，退耕还林 |
| 2004—2015 年 | 取消农业税、粮食最低收购价、临时收储、粮食直补、良种补贴、农资综合补贴、农机购置补贴等 | 促进粮食产量的增长，农民增收 |
| 2016 年至今 | 取消玉米临时收储、降低稻谷、小麦最低收购价、农业供给侧结构性改革一系列措施 | 解决粮食供给侧结构性矛盾 |

随着 2004 年农业政策全面转型，政府对农业投资额快速增长，农业补贴力度不断加大，农业保护政策的实施促使我国粮食产量由 1978 年的 3 亿吨增加为 2016 年的 6.2 亿吨，农村居民年人均纯收入也由 133.6 元增长到 1 万元，保障粮食产量的战略目标已经实现。我国粮食问题主要不是总量问题，而是生产结构不合理并且在国际上缺乏竞争力的问题（陈锡文等，2017）。农业政策对粮食市场的扭曲主要体现在部分农业政策影响农产品价格及农业生产要素投入品使用等方面。

## 7.2　价格支持政策对粮食市场的影响

在当前的农业保护政策中，对农产品市场及供给扭曲最严重的政策即是市场价格支持。不可否认价格支持政策在稳定粮食供给、调动农民种粮积极性等方面发挥重要作用（施勇杰等，2007），在粮食价格托市情况下，农户会为了增加利润而生产更多的产品。但由于价格支持政策已实行多年，一些学者认为政策的效果会减弱（Kim 等，2002），可能对播种面积扩大不再有明显的激励作用（钟钰，2012）。加上短期政策在长期执行过程中所造成的生产结构单一、缺乏国际竞争力等一系列问题，为保障我国农业可持续发展，农业政策调整势在必行（姜长云等，2017）。

## 7.2.1 价格支持政策推动粮食价格持续升高

为保护种粮农民收益，促进粮食增长和稳定供给，2004 年和 2006 年国家对稻谷和小麦实施最低收购价政策，2008 年实行玉米、大豆临时收储政策。从 2008 年起最低收购价呈增长趋势，最低收购价政策和临时收储政策近年来已成为常态，2012 年晚籼稻最低收购价格高于农户平均出售价格，2013 年起所有稻谷最低收购价格均高于生产者价格，2014 年所有粮食作物政策价格均高于生产者价格，"托底价"成为"最高价"，支持价格政策对粮食价格以及农业资源配置的扭曲在很大程度上推动了粮食价格全面上涨（辛翔飞等。2018）。2015 年各品种粮食最低收购价格、临时收储价格停止增长，2016 年起，早籼稻最低收购价格首次下降，并取消了玉米、大豆临时收储政策。2017 年，中、晚籼稻和粳稻也出现下降，小麦仍然保持较高的价格水平。支持价格政策设立的目的是稳定农民收入，但近年来却成为粮食价格上涨的主要推手，也因此出现了一系列供需问题（图 7-1、图 7-2）。

## 7.2.2 国内外粮食价差不断扩大

国内粮食价格一路走高，国内外粮食价格持续倒挂，且价差有扩大趋势（图 7-3）。从国内外粮食价格对比来看，小麦、玉米、大米国内价格的变动受国际价格影响并不大，2008 年国际小麦、大米有一段异常的波

元/千克

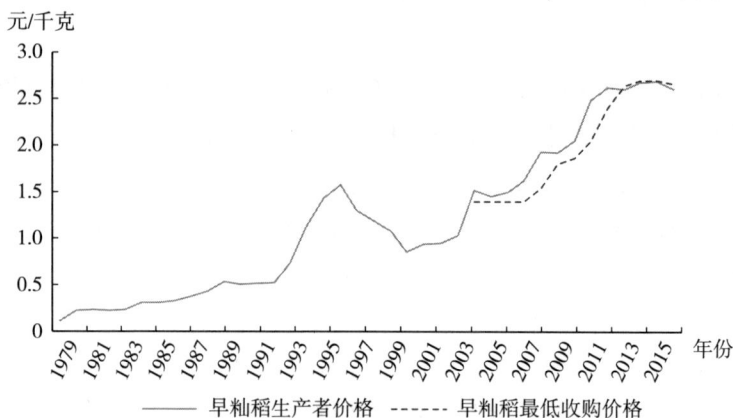

—— 早籼稻生产者价格　------ 早籼稻最低收购价格

元/千克

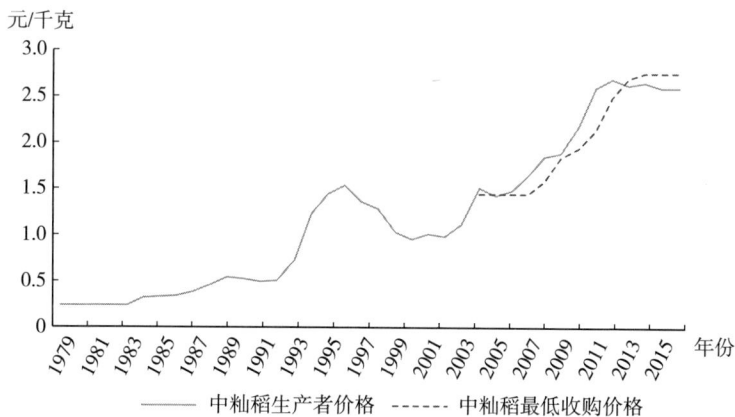

中籼稻生产者价格　------ 中籼稻最低收购价格

元/千克

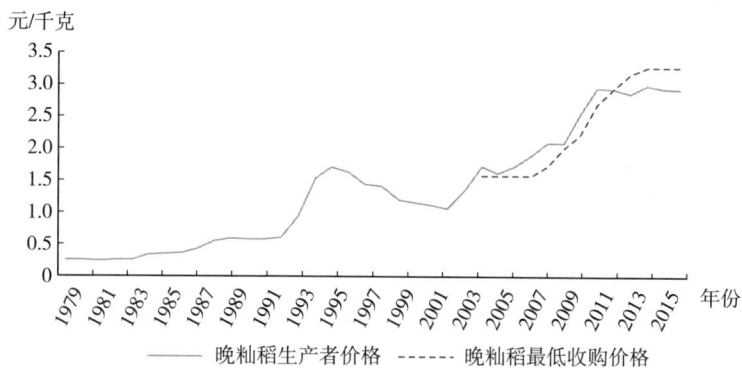

晚籼稻生产者价格　------ 晚籼稻最低收购价格

元/千克

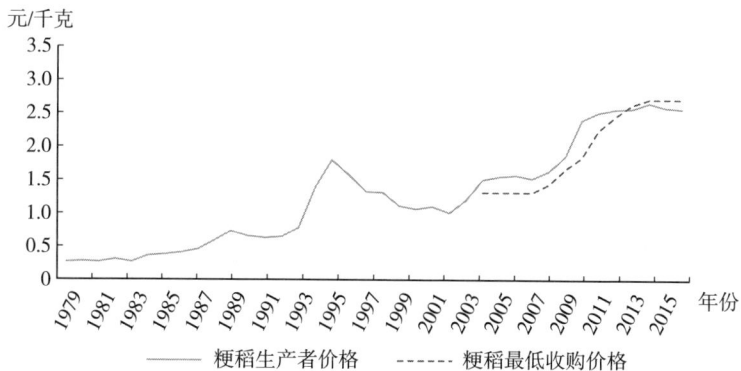

粳稻生产者价格　------ 粳稻最低收购价格

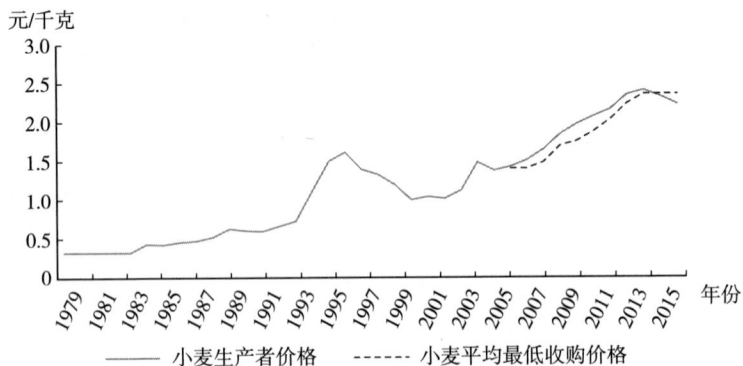

图 7-1　稻谷、小麦生产者价格与最低收购价格对比

数据来源：全国农产品成本收益资源汇编，国家发展与改革委员会发布的历年最低收购价。

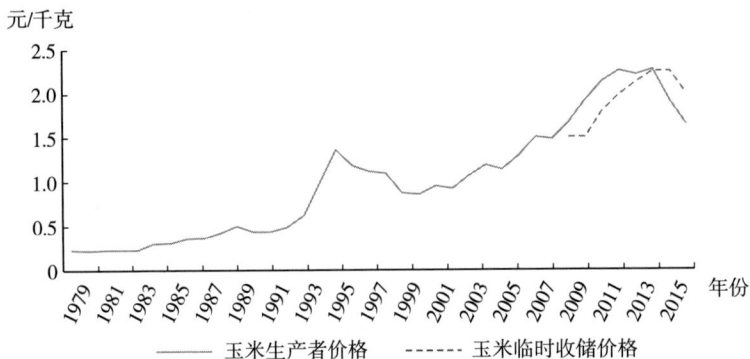

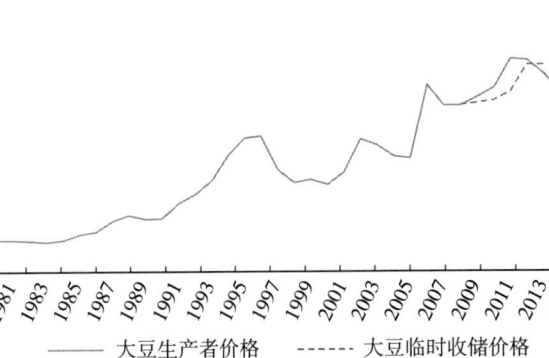

图 7-2　玉米、大豆生产者价格与临时收储价格对比

数据来源：全国农产品成本收益资源汇编，国家发展与改革委员会发布的历年最低收购价。

动，但我国小麦和大米价格仍然较平稳，这归功于我国政策调控对粮食市场价格的稳定作用。相对来说，国内大豆价格与国际大豆价格波动基本一致，主要源于国内大豆多依赖于进口的原因。值得注意的是，近年来，不论是小麦、玉米、大米还是大豆，国内市场价格均远高于国际价格，虽然农业保护政策调整后，国内粮食价格有所下降，但到 2017 年 12 月，小麦、大米、玉米、大豆的国内价格仍分别高于国际价格 23.5%、24.2%、15.1%和 17.2%。

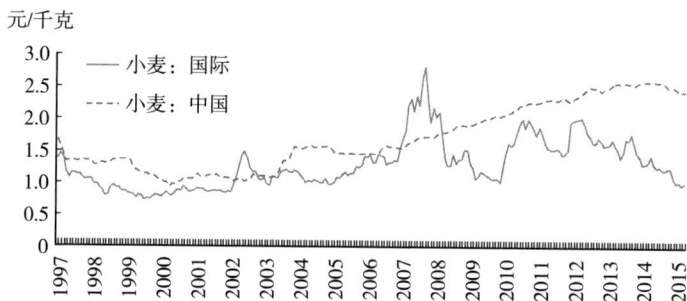

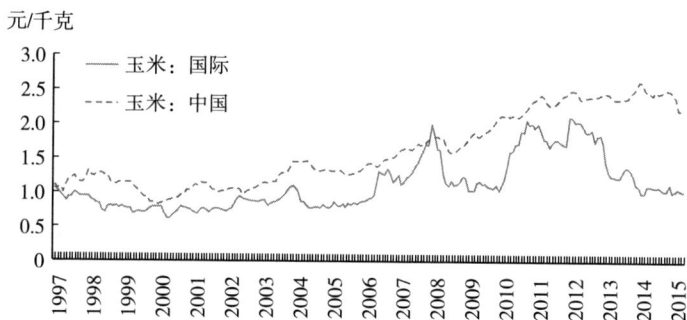

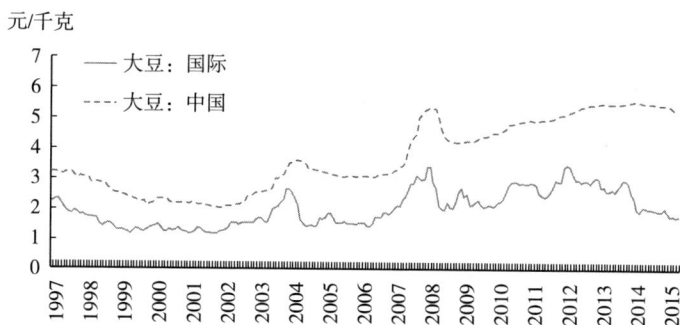

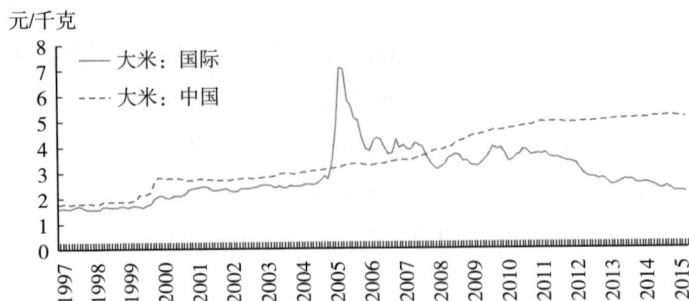

图 7-3　主要粮食品种国际价格与国内价格对比

数据来源：国际价格来源于国际货币基金组织，国内价格来源于中国农产品价格调查年鉴。

### 7.2.3　粮食产量、进口量与库存量三量齐增

2004 年起，我国实行农业补贴、价格支持等一系列农业政策，使粮食生产实现了"十八连丰"。但与此同时，由于国内农业保护政策推动粮食价格持续走高，国内外价差不断扩大，我国粮食进口量大幅增加。其中稻米和大豆近年来进口量屡创新高，小麦、玉米进口量有所回落，但仍处于高位（钟钰，2018）。粮食产量、进口量增长，但国内消费量并未大幅增长，因而造成库存量持续上涨。国内粮食价格较高还造成国家收储的粮食难以顺价销售。据美国农业部估计，2017/2018 年度中国小麦期末库存量又创新高，达到 1.27 亿吨，占当年全球小麦库存量的 47.6%。"外粮入市、国粮入库"的现象对我国粮食产业发展带来不利影响（图 7-4）。

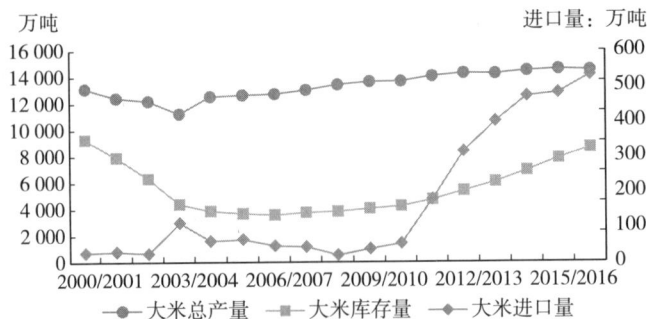

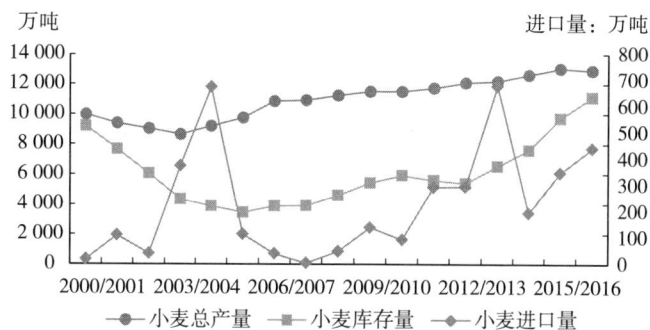

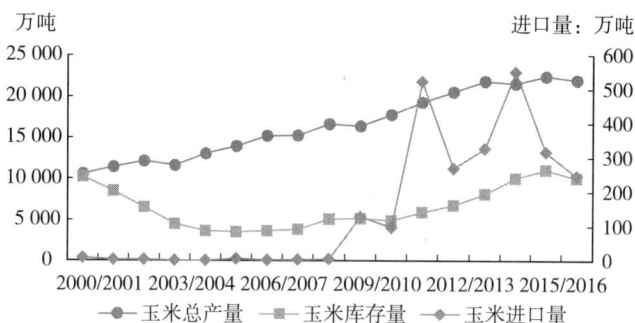

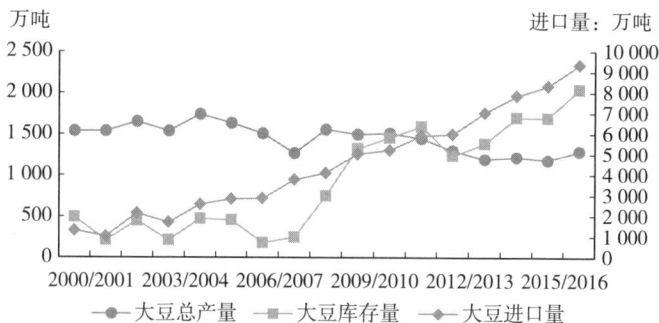

图 7-4　主要粮食品种总产量、进口量、库存量变动趋势

数据来源：美国农业部 USDA 数据库。

## 7.2.4　成本上涨使农民利润增长率下降

市场价格支持在一定程度上推动了农产品价格上涨，农民收入显著增加，但由于生产成本的上升，市场价格支持对农民收入的促进作用受到抑制，将稻谷、小麦的最低收购价格和玉米、大豆的临时收储政策实施以来不同政策阶段进行划分，对比不同阶段生产成本、利润的年增长率发现，最低收购价实行初期，稻谷、小麦利润增长较快，此时生产成本年增长率低于利润增长率，政策"保收益"的目标完成较好；但随着政策执行时间延长，成本增长率逐渐高于利润增长率，农民生产利润受到成本挤压，使促进农民收入增长的效果减弱。同时可以发现，随着政策的推行，粮食总产量和利润增长率逐渐下降，政策效果释放已接近尾声，继续执行较高的价格支持并不会显著提高农民收入水平及粮食供给能力，因此需要对现有价格支持政策进行调整（表7-3）。

表7-3　不同价格支持政策时期粮食产量、利润及成本年均变化率

| 作物品种 | 指标 | 未制定支持价格 | 支持价格保持不变 | 支持价格逐年提高 | 支持价格保持不变 | 支持价格逐年下降 | 取消支持价格 |
|---|---|---|---|---|---|---|---|
| 早籼稻 | 区间 | 2000—2003 | 2004—2007 | 2007—2014 | 2014—2015 | 2015—2016 (2017—2018) | |
| | 总产量 | −0.06 | 0.04 | 0.01 | −0.01 | −0.04 | |
| | 利润 | −2.61 | 0.24 | −0.06 | −0.28 | −1.03 | |
| | 生产成本 | 0.01 | 0.10 | 0.11 | 0.01 | −0.02 | |
| 中晚籼稻 | 区间 | 2000—2003 | 2004—2007 | 2007—2014 | 2014—2016 | (2016—2018) | |
| | 总产量 | −0.03 | 0.03 | 0.01 | 0.01 | — | |
| | 利润 | 0.12 | 0.16 | 0.00 | −0.08 | — | |
| | 生产成本 | 0.00 | 0.09 | 0.11 | 0.01 | — | |
| 粳稻 | 区间 | 2000—2003 | 2004—2007 | 2007—2014 | 2014—2016 | (2016—2018) | |
| | 总产量 | −0.07 | 0.09 | 0.03 | 0.10 | — | |
| | 利润 | 0.15 | 0.02 | 0.07 | −0.12 | — | |
| | 生产成本 | 0.01 | 0.10 | 0.10 | 0.01 | — | |
| 小麦 | 区间 | 2000—2005 | 2006—2007 | 2007—2014 | 2014—2017 | (2017—2018) | |
| | 总产量 | −0.04 | 0.08 | 0.02 | 0.01 | — | |
| | 利润 | −2.96 | 0.31 | 0.14 | −0.21 | — | |
| | 生产成本 | −0.04 | 0.04 | 0.06 | 0.01 | — | |

（续）

| 作物品种 | 指标 | 未制定支持价格 | 支持价格保持不变 | 支持价格逐年提高 | 支持价格保持不变 | 支持价格逐年下降 | 取消支持价格 |
|---|---|---|---|---|---|---|---|
| 玉米 | 区间 | 2000—2007 | 2008—2009 | 2009—2013 | 2013—2014 | 2014—2015 | (2016—2018) |
| | 总产量 | 0.09 | −0.07 | 0.12 | −0.02 | 0.06 | — |
| | 利润 | 0.19 | −0.36 | 0.15 | −0.12 | −1.52 | — |
| | 生产成本 | 0.06 | 0.03 | 0.15 | −0.01 | 0.00 | — |
| 大豆 | 区间 | 2000—2007 | | 2008—2012 | 2012—2013 | | 2013—2016 (2017—2018) |
| | 产量 | −0.01 | — | −0.07 | −0.29 | — | 0.06 |
| | 利润 | 0.15 | | 0.02 | 0.25 | | 1.57 |
| | 生产成本 | 0.05 | | 0.12 | 0.61 | | −0.02 |

数据来源：全国农产品生产资料汇编。"—"表示数据为空或由于数据缺失数值无法计算。

## 7.3　最低收购价格调整模拟方案设计及结果分析

粮食市场面临着粮价持续增长、国内外粮食价差扩大、进口量和库存量屡创新高等多种问题，粮食企业亏损严重，国家财政压力巨大。为此，国家相关部门积极探索"市场定价、价补分离"的改革措施，国家对粮食市场有扭曲作用的支持价格政策已开展了一系列调整。2014 年和 2016 年分别取消了大豆和玉米的临时收储政策。早籼稻最低收购价从 2016 年开始下降，2017 全面下调了三种稻谷的最低收购价格，2018 年小麦最低收购价自实行以来首次下降，稻谷最低收购价平均降幅达 9%。为保证粮食市场可持续发展，对粮食市场产生扭曲的价格支持政策必然会继续调整。本章通过对现有价格支持政策调整模拟，考察稻谷、小麦最低收购价格不同调整幅度对粮食供给的影响，为未来农业政策调整提供参考。

### 7.3.1　最低收购价格调整模拟方案设计

研究范围为实施最低收购价政策的 11 个稻谷主产省，包括安徽、江

西、湖北、湖南、广西、辽宁、吉林、黑龙江、江苏、河南、四川，以及
6 个小麦主产省河北、江苏、安徽、山东、河南、湖北。使用 1984—2016
年省级面板数据，其中播种面积、单位面积产量、有效灌溉面积、受灾面
积来源于《中国统计年鉴》《新中国农业 60 年统计资料》，生产者价格、
利润、成本来源于《全国农产品成本收益资料汇编》，降水量数据来源于
中国气象科学数据共享服务网。

　　由于水稻、小麦在 2004—2016 年均大多处于支持价格增长或不变的
状态，对价格支持下降进行模拟并不十分合理，因此将模型数据选取时间
延长至 1984—2016 年，构建各作物动态供给反应模型。通过设计政策调
整方案，模拟 2017 年政策变化对各品种粮食供给的影响。当最低收购价
格高于国际粮食到岸价格时，采用最低收购价作为生产者价格，当最低收
购价格低于国际粮食到岸价格，或最低收购价格取消时，使用国际粮食到
岸价格作为生产者价格。利用价格与利润的关系，假设粮食价格与利润以
及其他要素的相关关系不变，计算最低收购价格实施省份稻谷、小麦、玉
米的比较预期利润，代入动态供给反应模型中计算播种面积、单位面积产
量以及总产量的变化情况，衡量最低收购价格变化对粮食供给的影响
情况。

　　在设计模拟方案时借鉴曹慧等（2017）的划分方法，假设政府下调支
持价格水平，或取消最低收购价政策，设计不同程度的最低收购价格调整
模拟方案。与曹慧等（2017）不同的是，本研究认为取消最低收购价政策
后，国家会对水稻、小麦主产区实行如玉米、大豆一样的生产者补贴，因
此取消最低收购价政策的农民利润为国际粮食到岸价格产生的收益减去总
成本加上生产者补贴金额。生产者补贴金额以近两年实行的玉米、大豆生
产者补贴为参考，如黑龙江玉米 2016 年全省统一标准为 153.92 元/亩，
2017 年是 133.46 元/亩，2018 年降为 100 元/亩，大豆生产者补贴普遍高
于玉米，2018 年大豆生产者补贴在 200 元以上，其中吉林省部分地区大
豆生产者补贴高达 350～580 元/亩。因此，可以确定在下降或取消水稻、
小麦最低收购价时，国家会实行生产者补贴政策，由于水稻和小麦是口粮
作物，因此补贴金额可以估算为高于玉米低于大豆的补贴额度，约为 200
元/亩。

现建立模拟方案如下：方案（1）为按 2017 年政策下调稻谷最低收购价格，平均降幅为 2.3%；方案（2）将稻谷最低收购价格下调 11.5%，为 2018 年新推出的稻谷最低收购价格平均降幅，接近于全国农产品平均成本收益率；方案（3）将稻谷最低收购价格下调至保本价格，降幅达 18.5%；方案（4）取消稻谷最低收购价格，实行生产者直接补贴政策；方案（5）小麦最低收购价格下调 2.5%，为 2018 年小麦最低收购价格降幅，并接近于全国农产品平均成本收益率；方案（6）小麦最低收购价格下调至保本价格水平，降幅达 4%；方案（7）取消小麦最低收购价格，实行生产者直接补贴政策（表 7 - 4）。

表 7 - 4　支持价格调整模拟方案

| 品种 | 稻谷 | | | | 小麦 | | |
|---|---|---|---|---|---|---|---|
| 方案编号 | （1） | （2） | （3） | （4） | （5） | （6） | （7） |
| 方案依据 | 按 2017 年降幅下调 | 按 2018 年降幅下调（成本加净利润水平） | 保本价格水平 | 取消最低收购价＋生产者补贴 | 按 2018 年降幅下调（成本加净利润水平） | 保本价格水平 | 取消最低收购价＋生产者补贴 |
| 方案内容 | 下调 2.3% | 下调 11.7% | 下调 18.5% | 下调 100% | 下调 2.5% | 下调 4% | 下调 100% |
| 最低收购价（元/千克） | 2.78 | 2.50 | 2.32 | 0 | 2.30 | 2.26 | 0 |

由于模拟方案为 2017 年粮食供给情况，因此以 2017 年 1 月农产品供需形势分析月报中国际粮食到岸价格作为与最低收购价比较的国际价格。其中 2017 年 1 月配额 1% 关税泰国大米到岸税后价约每千克 3.08 元，按 70% 折合成稻谷每千克 2.156 元。2017 年 1 月美国、墨西哥硬红冬麦配额内 1% 到岸税后价约每千克 2.02 元，均低于方案（3）和方案（6）中保本价格的最低收购价格，因此在取消最低收购价时，使用国际到岸价格作为生产者价格。

### 7.3.2　最低收购价格调整对粮食供给影响模拟结果

**1. 对稻谷供给的影响**

从模拟结果看，稻谷最低收购价政策下调会导致稻谷播种面积和单产下降，从而造成总产量下降。稻谷最低收购价格下调 2.3% 时，对稻谷生产影响较小，产量仅下降 0.02%；但当稻谷最低收购价格下调 11.7% 以上时，产量降幅达到 0.13%，但当最低收购价格取消，政策给予农民生产者补贴，如果按种面积补贴的话，其平均利润高于最低收购价格下调 11.7% 时的利润，因此稻谷的产量仅下降 0.11%。小麦最低收购价下降会引起稻谷产量的上升，随着调整幅度扩大，稻谷产量也随之增加，但是当小麦最低收购价取消、政府对小麦种植农户补贴时，稻谷的产量会小幅增加（表 7-5）。

表 7-5　最低收购价格调整对稻谷市场的影响

|  | (1) | (2) | (3) | (4) | (5) | (6) | (7) |
|---|---|---|---|---|---|---|---|
| 播种面积 | −0.01 | −0.09 | −0.14 | −0.07 | 0.19 | 0.2 | 0.13 |
| 单产 | −0.01 | −0.04 | −0.07 | −0.04 | 0.09 | 0.1 | 0.06 |
| 总产量 | −0.02 | −0.13 | −0.21 | −0.11 | 0.28 | 0.3 | 0.19 |

### 2. 对小麦供给的影响

与稻谷的情形类似，当稻谷最低收购价格下调后，小麦的播种面积和产量均增长，但幅度不大。当小麦最低收购价格下调时，会促使小麦播种面积和产量的下降。当小麦最低收购价格下降至成本加利润时，小麦播种面积会下降 0.03%，产量下降 0.05%。当小麦最低收购价格下降 4% 时，播种面积下降 0.15%，产量下降 0.26%，但当小麦最低收购价取消，政府对小麦种植农户补贴时，其平均利润反而高于最低收购价格下降之前的实际利润，因此小麦的产量反而增加了（表 7-6）。

表 7-6　最低收购价格调整对小麦市场的影响

|  | (1) | (2) | (3) | (4) | (5) | (6) | (7) |
|---|---|---|---|---|---|---|---|
| 播种面积 | 0.01 | 0.04 | 0.07 | 0.03 | −0.03 | −0.15 | 0.06 |
| 单产 | 0.00 | 0.03 | 0.05 | 0.02 | −0.02 | −0.11 | 0.04 |
| 总产量 | 0.01 | 0.07 | 0.12 | 0.06 | −0.05 | −0.26 | 0.10 |

### 3. 对玉米供给的影响

玉米与稻谷种植存在竞争关系。稻谷最低收购价格调整，玉米的比较收益提高，种植面积增加，总产量增长。在方案（1）中，由于稻谷最低收购价格调整幅度很小，对玉米市场的影响有限，总产量提高 0.01%。当稻谷最低收购价格下调幅度增大时，方案（2）（3）中玉米对稻谷的替代作用会进一步增强，玉米总产量分别增长 0.07%、0.13%。当最低收购价格取消时，由于对水稻、小麦的生产者进行补贴，玉米的利润优势下降，因此玉米供给量会小幅增长或下降（表 7-7）。

**表 7-7　最低收购价格调整对玉米市场的影响**

|  | （1） | （2） | （3） | （4） | （5） | （6） | （7） |
| --- | --- | --- | --- | --- | --- | --- | --- |
| 播种面积 | 0.00 | 0.04 | 0.07 | 0.03 | 0.01 | 0.01 | −0.02 |
| 单产 | 0.00 | 0.03 | 0.06 | 0.03 | 0.01 | 0.01 | −0.01 |
| 总产量 | 0.01 | 0.07 | 0.13 | 0.06 | 0.02 | 0.03 | −0.03 |

## 7.4　本章小节

　　农业政策对稳定粮食价格、增加农民收入等方面发挥巨大作用，但也造成了粮食价格上涨、国内外粮食倒挂、政府财政压力加大等问题。随着粮食产量屡创新高，国内粮食供给总量已超过需求量，如今需解决的问题是如何保障粮食供给的稳定以及农业结构调整优化。2016 年后玉米、大豆临时收储政策已取消，稻谷最低收购价格也开始下降，未来稻谷、小麦最低收购价格下降的趋势明显。本章分析了不同时期价格与利润对产量的贡献，并对价格支持政策对粮食市场的影响进行分析。通过建立供给反应模型，围绕国内学者提出的降低或取消最低收购价格进行模拟分析，定量评估价格支持政策调整对中国粮食生产可能产生的影响，研究不同程度最低收购价调整对粮食种植面积、单位面积产量和粮食产量的影响，有助于综合评价粮食最低收购价政策的改革效应，为进一步优化中国粮食价格支持政策提供参考。

　　从最低收购价格调整程度来看，小幅调整对市场影响不大。稻谷最低收购价格小幅调整会引起稻谷播种面积和总产量下降，但幅度不大，同样，小麦最低收购价格小幅调整也对市场影响不大，但最低收购价格调整幅度较大时会较大程度影响粮食市场。因此，应按照循序渐进的原则逐步调整价格支持政策，保障粮食稳定供给。

与前人研究不同的是，当取消最低收购价格时，本研究认为国家会推行与玉米、大豆相似的生产者补贴政策，这部分补贴会使农民利润得到保障，如果这部分生产者补贴与播种面积挂钩时，不但不会使粮食产量下降，反而会增加粮食产量。因此，为避免政策因素对种植结构的干预，政府可以根据财力和农业成本收益情况对生产者按农作物种植面积给予统一标准的直接收入补贴，将"保供给"与"保收益"的目标政策分开，真正实现"价补分离"。在农业供给侧结构调整优化过程中，充分发挥市场对资源的配置作用；同时应加强农业科技投入，提升粮食品质，提高农产品国际竞争力，减少国外粮食进口数量，解决粮食供过于求的问题。

# 第8章 结论与政策建议 -------------------

## 8.1 研究结论

本研究通过对粮食供给情况进行分析,剖析各省份农业生产优势、结构变化和影响因素,在此基础上揭示各因素对不同农产品供给的影响程度,讨论农民预期的形成方式及决策行为,探寻利润与价格对农产品供给影响差异,衡量农业政策变化对这些因素以及农产品供给的影响程度。主要的研究结论如下:

**1. 随着政策调整粮食生产结构及区域布局发生巨大变化**

从粮食产量历史阶段来看,中国粮食供给可以划分为 6 个阶段,农业政策调整对粮食供给波动有很大影响,历史上还出现过大幅度调减粮食播种面积造成粮食产量供不应求的情况,粮食稳定供给的目标不能松懈。改革开放以来粮食总产量、单位面积产量、播种面积都存在周期性波动,波动周期为 3~4 年,播种面积在 1992—1994 年和 2000—2003 年出现了两次下降型波动,播种面积的下降趋势明显。2000—2003 年正是我国农业结构的一次调整阶段,大幅度地调减粮食播种面积,实行退耕还林等政策,加之这期间自然灾害及市场化改革,粮食产量出现连续下降。2004 年后粮食总产量、单位面积产量、播种面积都出现明显的增长趋势,呈现增长型波动,其主要原因为 2004 年起政府一系列惠农补贴政策促使粮食产量"十二连增",是典型的农业政策转型时期。2014—2016 三个序列都结束了增长型周期的波动,是当前农业供给侧改革调整时期,由于粮食供给结构性矛盾凸显,国家对价格支持等政策进行调整,使粮食产量和结构都发生变化。从各省粮食总产量分析结果可以发现粮食生产区域的变化与当地经济发展、地区间比较优势、地区内不同产业比较收益等因素相关,稻谷、玉米都向北部地区转移，主要与北方农业比较优势较大，农业资源相对丰富有关。小麦向中部地区集中源于中部地区一年可以种植两季作物的气候条件及平原种植小麦作物的地理优势。大豆产量平稳上升的地区为传统大豆种植优势地区。

**2. 粮食作物之间及粮食作物与投入要素之间存在显著影响**

在利润函数供给反应模型研究中，我们发现水稻、小麦、玉米自身价格有显著的正弹性，小麦最高为 0.654，玉米为 0.409，大豆自价格弹性最低为 0.157，即粮食自身价格提高时，会促进粮食产量的增长。小麦和大豆之间交叉价格弹性为正，可能与在很多地区小麦是冬小麦、与大豆种植不存在替代性有关；其他交叉价格弹性都为负值，即这些作物之间存在替代关系。水稻、小麦、玉米、大豆之间存在相互替代或互补的关系，因此在研究中应综合考虑各作物之间的替代关系，不能仅就一种作物而研究另一种作物。而对于化肥、种子这两种可变要素，农户投入的自价格弹性为负，意味着投入要素价格上升，投入品的数量将减少，化肥价格的提高会导致玉米、小麦、大豆的产量的下降。因此为了保障粮食稳定供给，应关注各粮食品种相对价格，加强对粮食生产要素价格的监控，通过对粮食品种之间相对价格的调整，改变粮食产量，从而实现粮食供给侧结构性改革的目的。

**3. 我国农民生产决策行为更接近于幼稚性预期**

对动态供给模型中价格的不同预期形式讨论发现，在同样的供给反应模型中，幼稚性预期比适应性预期和理性预期对粮食作物播种面积及单位面积产量的影响更大。幼稚性预期除对大豆播种面积影响不显著，对其他作物播种面积和单位面积产量均有显著影响。适应性预期对小麦的播种面积及小麦、玉米、大豆的单位面积产量均无显著影响，理性预期对大豆播种面积和单位面积产量以及稻谷的单位面积产量影响均不显著。从长期弹性来看，幼稚性预期对多种作物均影响显著，而玉米、大豆总产量对适应性预期价格的长期弹性比幼稚性预期价格弹性和理性预期价格弹性更大。理性预期虽然应用的数据量较大，但其在模型中的表现并不比幼稚性预期更好。幼稚性预期由于数据易于收集、计算方便使其比其他两种预期方式更省时省力。因此，从一定程度上可以认为幼稚性预期更适合研究我国农民生产决策行为。

**4. 预期利润比预期价格更适合研究我国主要粮食作物动态供给反应规律**

水稻、小麦、玉米、大豆总产量对预期利润弹性分别为 0.25、3.06、0.27 和 0.43，在动态供给反应模型中拟合效果较好，预期利润可以替代价格构建农产品动态供给反应模型。通过对四种粮食作物供给反应模型比较发现，预期价格和预期利润对大多粮食作物播种面积及总产量具有显著的正影响，对于水稻、小麦，预期利润弹性系数比预期价格弹性系数普遍偏大，而对于大豆来说，预期价格比预期利润对总产量的影响更大。这可能与水稻、小麦政策保护更多，而大豆供给更加符合市场规律有关。此外，滞后一期播种面积和单位面积产量是影响粮食供给最重要的因素，粮食供给具有刚性。时间变量对稻谷、小麦播种面积有负向影响，而对玉米有正向影响，玉米随着时间变化逐步成为播种面积最大的作物。灌溉面积、技术进步都对单位面积产量都有显著正影响，自然风险有显著的负影响。政策虚拟变量在所有作物的单位面积产量模型中均显著为正，农业政策调整对粮食供给有显著的正影响。与预期假设不同的是，价格波动对总产量有正向影响。2004 年农业政策调整后，预期利润和预期价格、自然风险对作物的影响变弱，表明我国对农业的保护使农业生产抗灾能力不断增强。

**5. 农业政策调整对粮食结构变化有重要影响**

为保障农业发展，我国政府在不同时期推行了不同的农业政策，但是部分农业政策也对粮食市场产生了扭曲，其中价格支持政策对粮食市场的影响较为严重。一方面价格支持政策推动了粮食价格的持续增长，使国内外价差不断扩大，从而造成国内粮食产量、进口量与库存量三量齐增；另一方面，价格支持政策在推动粮食价格增长的同时，也拉动农业生产成本的上涨，使农民利润增长率下降。因此价格支持政策亟须调整。玉米、大豆的临时收储政策已在 2016 年取消，而稻谷、小麦的最低收购价政策面临调整。通过对稻谷、小麦最低收购价下调或取消的模拟，研究发现稻谷、小麦最低收购价小幅调整对市场影响不大。稻谷最低收购价格小幅调整会引起稻谷播种面积和总产量下降，但幅度不大。同样，小麦最低收购价格小幅调整也对市场影响不大。但最低收购价格调整至成本价时，会在很大程度上影响粮食市场，使水稻、小麦的产量大幅下降，刺激玉米增产。在取消粮食最低收购价政策时，国家实行与面积挂钩的生产者补贴可能会增加粮食产量。

## 8.2 政策建议

根据以上对粮食供给反应的研究结论得到如下政策启示：

**1. 农业结构调整要以粮食稳定供给为前提**

在保证粮食供给的基础上推动农业结构调整和优化。农业保护变革以及农业结构调整必然会引起粮食供给量的下降，应把握好调整尺度，在农业结构调整时秉承粮食安全理念，不能简单地、一蹴而就地进行农业结构调整、降低粮食产量。在品种上，保证口粮自给率达100%，统筹兼顾粮食与其他农产品生产；在结构上，注重粮食内部结构优化及种植业产业优化调整，促进粮经饲三元结构协调发展，建立新型种养业及粮食内部种植结构；在区域上，为保障农业结构调整过程中粮食稳定供给，应充分考虑粮食主产区的比较优势和粮食主产区资源环境承载力，优化粮食区域布局，建立优势产业带，合理高效利用区域资源，着力构建动态开放、稳健可靠、运转高效、调控有力的粮食安全保障体系。

**2. 加强粮食及生产要素市场监管，防范市场风险**

为了保障粮食稳定供给，应加强对粮食产品及生产要素价格的监控。在全国范围内，加快实施粮食购销制度综合改革方案，建立信息公开、公平竞争的粮食流通市场，发挥期货市场作用，有效引导粮食价格，规避价格风险。同时利用粮食储备的吞吐调节手段，抑制市场粮价的异常波动，防范市场风险，促进粮食稳定供给，保障种粮农民利益。同时，加强粮食生产要素价格波动的控制，建立稳定的粮食市场管理机制，政府部门对于粮食生产中需求量较大的生产要素实行价格监测，通过农资综合补贴等政策，减少生产要素波动给农民带来损失。

**3. 建立合理利益调节机制，促进农产品供给结构优化**

由于粮食供给刚性特点，农业结构调整以及农业政策调整不能一蹴而就，而应循序渐进。应充分利用农民预期利润与粮食供给之间的关系，逐步调整农民对粮食价格的预期。通过改变比较收益和农民预期，统筹考虑不同作物之间及国内外粮食市场价格，理顺农产品市场各利益主体关系，完善粮食购销制度综合改革方案。科学引导农民种植结构调整，推动农民生产从数量向质量转变，在不减少农民收入的基础上实现供给侧结构性改革，满足市场多样化需求。同时，完善主产区粮食种植业的利益补偿机制，提高种植业（相对非农产业）的收益。政府应充分运用税收补贴、贴息贷款等政策，创新主产区种粮农民的目标收入制度，增加农业生产收入，调动农民生产积极性。

**4. 加强农业基础设施建设，提高农业生产效率**

加强基础性农业投入，推进高标准农田、田间道路、水利等基础设施建设，通过农村基础设施建设、农业科技创新投入、农业抗灾防灾能力建设和农业保险推广等方式，促进农业生产科技创新及成果转化，在农业支持价格调整期间保障农民收益，减少农业生产经营风险，实现生产效率最大化。加快农业科技应用及普及，鼓励农业机械化推广，培育新型农业经营主体，并推动规模化土地经营流转，有效扩大粮食主产地区农业生产效率和比较优势，从根本上降低粮食生产经营成本，提高单位面积产量，从而合理高效利用土地资源，做到"藏粮于地、藏粮于技"，保障粮食供给能力。此外，引导农民实施休耕轮作、农业生态修复等，提高农业生产可持续发展能力。通过生产行为管控及农业技术应用，控制农药、化肥等生产要素对耕地和环境的污染，保障粮食质量安全。

**5. 合理优化农业补贴政策，保障种粮农民收入**

农业供给侧结构性改革以来，由于粮食市场政策化较为严重，农民对粮食价格预期政策依赖性较强，2016年后农业政策发生调整，粮食价格普遍下调，在生产成本不变的情况下，种粮利润显著下降。应加快建立保护农民收益的配套性扶持政策体系，减少最低收购价政策调整带来的负面影响，推动农产品供给侧结构性改革，保障农民利益。设计好农业价格、补贴政策，增强扶持政策的配套性和协调性，向粮食主产区倾斜，由价格"托底"向农民收入"托底"转变。由于未来水稻、小麦等口粮作物也很可能实施生产者补贴政策，因此应总结现行的玉米、大豆生产者补贴政策实施经验，保证生产者补贴的科学性和合理性。在实行与价格脱钩的生产者补贴政策时，应注意与耕地面积挂钩的生产者补贴同样是对作物供给有影响的"黄箱"政策，在实施时仍应谨慎。加强农产品市场化价格风险管理，尝试在东北三省和内蒙古大豆目标价格改革试点的基础上，以目标价格制度的形式实行价格保险政策，并依据实施情况逐步向其他主产区推广。

# 参　考　文　献

曹慧，张玉梅，孙昊 . 2017. 粮食最低收购价政策改革思路与影响分析 ［J］. 中国农村经济 （11）：33 - 46.

曾福生，戴鹏 . 2011. 粮食生产收益影响因素贡献率测度与分析 ［J］. 中国农村经济 （1）：66 - 76.

陈飞，范庆泉，高铁梅 . 2010. 农业政策、粮食产量与粮食生产调整能力 ［J］. 经济研究，45 （11）：101 - 114，140.

陈琼 . 2013. 中国肉鸡生产的成本收益与效率研究 ［D］. 北京：中国农业科学院，

程国强，朱满德 . 2012. 中国工业化中期阶段的农业补贴制度与政策选择 ［J］. 管理世界 （1）：9 - 20.

程国强 . 2016. 我国粮价政策改革的逻辑与思路 ［J］. 农业经济问题，37 （2）：4 - 9.

戴春芳，贺小斌，冷崇总 . 2008. 改革开放以来我国粮食价格波动分析 ［J］. 价格月刊 （6）：5 - 12.

戴化勇，钟钰 . 2016. 高库存背景下的粮食安全与政策改革研究 ［J］. 农村经济 （5）：42 - 45.

丁金梅，杨奎，马彩虹，等 . 2017. 中国粮食产量时空格局演变研究 ［J］. 干旱区地理，40 （6）：1290 - 1297.

董国新 . 2007. 我国粮食供求区域均衡状况及其变化趋势研究 ［D］. 杭州：浙江大学，

董婉璐，杨军，程申，等 . 2014. 美国农业保险和农产品期货对农民收入的保障作用——以 2012 年美国玉米遭受旱灾为例 ［J］. 中国农村经济 （9）：82 - 86，96.

范垄基，穆月英，付文革，等 . 2012. 基于 Nerlove 模型的我国不同粮食作物的供给反应 ［J］. 农业技术经济 （12）：4 - 11.

高帆 . 2005. 我国粮食生产的地区变化——1978—2003 年 ［J］. 管理世界 （9）：70 - 78，87.

耿仲钟，肖海峰 . 2015. 最低收购价政策与目标价格政策的比较与思考 ［J］. 新疆大学学报 （哲学·人文社会科学版），43 （4）：26 - 30.

韩俊 . 2008. 改革开放以来农村经济社会转型研究 ［J］. 经济研究导刊 （2）：1 - 5＋2.

胡小平，郭晓慧 . 2010. 2020 年中国粮食需求结构分析及预测——基于营养标准的视角

[J]. 中国农村经济（6）：4 - 15.

胡小平 . 2001. 宏观政策是影响中国粮食生产的决定性因素 [J]. 中国农村经济（11）：54 - 57.

黄玛兰，李晓云，游良志 . 2018. 农业机械与农业劳动力投入对粮食产出的影响及其替代弹性 [J]. 华中农业大学学报（社会科学版）（2）：37 - 45，156.

黄奕忠 . 2006. 粮食最低收购价格政策的经济学分析 [J]. 金融与经济（11）：13 - 15.

姜长云，杜志雄 . 2017. 关于推进农业供给侧结构性改革的思考 [J]. 南京农业大学学报（社会科学版）（17）：1 - 10，144.

蒋乃华 . 1998. 价格因素对我国粮食生产影响的实证分析 [J]. 中国农村观察（5）：16 - 22.

卡尔·马克思 . 2013. 资本论 [M]. 北京：世界图书出版公司 .

康鹏 . 2005. 经济效率研究的参数法与非参数法比较分析 [J]. 经济论坛（19）：139 - 140.

亢霞，刘秀梅 . 2005. 我国粮食生产的技术效率分析——基于随机前沿分析方法 [J]. 中国农村观察（4）：25 - 32.

孔祥智 . 2016. 农业供给侧结构性改革的基本内涵与政策建议 [J]. 改革（2）：104 - 115.

赖红兵 . 2009. 中国粮食产量波动及其结构分析 [J]. 农业技术经济（5）：91 - 96.

李光泗，郑毓盛 . 2014. 粮食价格调控、制度成本与社会福利变化——基于两种价格政策的分析 [J]. 农业经济问题，35（8）：6 - 15，110.

李强，张林秀，仇焕广，等 . 2007. 利润函数方法在农产品生产估计中的运用 [J]. 统计与决策（16）：27 - 29.

梁世夫，王雅鹏 . 2008. 我国粮食安全政策的变迁与路径选择 [J]. 农业现代化研究（1）：1 - 5.

林大燕，朱晶 . 2015. 从供应弹性的视角看我国主要农作物种植结构变化原因 [J]. 农业技术经济（1）：33 - 41.

林坚，李德洗 . 2013. 非农就业与粮食生产：替代抑或互补——基于粮食主产区农户视角的分析 [J]. 中国农村经济（9）：54 - 62.

龙方，杨重玉，彭澧丽 . 2011. 自然灾害对中国粮食产量影响的实证分析——以稻谷为例 [J]. 中国农村经济（5）：33 - 44.

栾健，周玉玺 . 2015. 山东省粮食单产波动特征及影响因素分析 [J]. 新疆农垦经济（6）：1 - 5.

罗翔，张路，朱媛媛 . 2016. 基于耕地压力指数的中国粮食安全 [J]. 中国农村经济（2）：83 - 96.

马晓河 . 2016. 新时期我国需要新的粮食安全制度安排 [J]. 国家行政学院学报（3）：

76 - 80.

彭婵娟 . 2016. 粮食价格与粮食产量的动态反馈及政策仿真研究［D］. 福州：福建农林大学,

钱加荣, 曹正伟 . 2017. 我国粮食价格支持政策与生产成本关系研究——基于面板Granger因果检验分析［J］. 价格理论与实践（3）：86 - 88.

钱文荣, 王大哲 . 2015. 如何稳定我国玉米供给——基于省际动态面板数据的实证分析. 农业技术经济（1）：22 - 32.

任军军, 王文举 . 2010. 我国粮食最低收购价政策发展研究［J］. 湖北经济学院学报（人文社会科学版）, 7（6）：29 - 30.

司伟, 王秀清 . 2006. 中国糖料的供给反应［J］. 中国农村观察 04）：2 - 11, 55.

谭砚文, 杨重玉, 陈丁薇, 等 . 2014. 中国粮食市场调控政策的实施绩效与评价［J］. 农业经济问题（5）：87 - 98, 112.

田甜, 李隆玲, 黄东, 等 . 2015. 未来中国粮食增产将主要依靠什么？——基于粮食生产"十连增"的分析［J］. 中国农村经济（6）：13 - 22.

王宏, 张岳恒 . 2010. 中国玉米供给反应：基于 Nerlove 模型的实证研究［J］. 农村经济（6）：36 - 38.

王济民, 肖红波 . 2013. 我国粮食八年增产的性质与前景［J］. 农业经济问题, 34（2）：22 - 31.

王姣, 肖海峰 . 2006. 中国粮食直接补贴政策效果评价［J］. 中国农村经济（12）：4 - 12.

王欧, 杨进 . 2014. 农业补贴对中国农户粮食生产的影响［J］. 中国农村经济（5）：20 - 28.

王绎 . 2014. 中国稻谷供给反应模型研究［D］. 杭州：浙江大学 .

王玉斌, 蒋俊朋 . 2007. 我国粮食产量波动及地区差异比较［J］. 农业技术经济（6）：23 - 28.

王祖力, 肖海峰 . 2008. 化肥施用对粮食产量增长的作用分析［J］. 农业经济问题（8）：65 - 68.

魏后凯 . 2017. 中国农业发展的结构性矛盾及其政策转型［J］. 中国农村经济（5）：2 - 17.

吴国松, 朱晶, 林大燕 . 2013. 中国不同类别农业保护支持政策的贸易保护效应［J］. 中国农村经济（12）：39 - 50.

肖红波 . 2010. 我国生猪生产增长与波动研究［D］. 北京：中国农业科学院 .

辛翔飞, 孙致陆, 王济民, 等 . 2018. 国内外粮价倒挂带来的挑战、机遇及对策建议［J］. 农业经济问题（3）：15 - 22.

徐志刚, 习银生, 张世煌 . 2010. 2008/2009 年度国家玉米临时收储政策实施状况分析

[J]. 农业经济问题，31（3）：16 - 23，110.

徐志刚，钟甫宁，傅龙波. 2000. 中国农产品的国内资源成本及比较优势 [J]. 农业技术经济（4）：1 - 6.

徐志刚. 2001. 比较优势与中国农业生产结构调整 [D]. 南京：南京农业大学.

羊文辉. 2002. 投入品补贴政策调整对农业生产和农民收入的影响分析 [D]. 南京：南京农业大学.

尹靖华. 2015. 国际粮价波动对我国粮食贸易安全的影响研究 [D]. 杭州：浙江大学.

展进涛. 2009. 中国水稻生产增长与政府管理研究 [D]. 南京：南京农业大学.

张利庠，彭辉，靳兴初. 2008. 不同阶段化肥施用量对我国粮食产量的影响分析——基于1952—2006 年 30 个省份的面板数据 [J]. 农业技术经济（4）：85 - 94.

张照新，徐雪高，彭超. 2016. 农业发展阶段转变背景下粮食价格支持政策的改革思路. 北京工商大学学报（社会科学版），31（4）：33 - 39.

赵玉，严武. 2016. 市场风险，价格预期与农户种植行为响应——基于粮食主产区的实证 [J]. 农业现代化研究，37（1）：50 - 56.

钟甫宁，朱晶，曹宝明. 2004. 粮食市场的改革与全球化：中国粮食安全的另一种选择 [M]. 北京：中国农业出版社：17.

钟钰. 2018. 农业结构调整要秉持粮食安全思维 [N]. 东方城乡报，03 - 01（003）.

周慧秋，李忠旭. 2010. 粮食经济学 [M]. 北京：科学出版社.

朱晶，李天祥，林大燕，等. 2013. "九连增"后的思考：粮食内部结构调整的贡献及未来潜力分析 [J]. 农业经济问题（11）：36 - 43，110 - 111.

Alexandratos N，Bruinsma J. 2012. World agriculture towards 2030/2050：the 2012 revision [M]. FAO，Rome：ESA working paper.

Alexandratos N. 1997. China's consumption of cereals and the capacity of the rest of the world to increase exports [J]. Food Policy，22（3）：253 - 267.

Anderson K，Strutt A. 2014. Food security policy options for China：Lessons from other countries [J]. Food Policy（49）：50 - 58.

Anderson T W and Hsiao C. 1982. Formulation and Estimation of Dynamic Models Using Panel Data [J]，Journal of Econometrics（18）：47 - 82.

Arellano M，Bond S. 1991. Some Tests of Specification for Panel Data：Monte Carlo Evidence and an Application to Employment Equations [J]. The Review of Economic Studies，58（2）：277 - 297.

Arellano M，Bover O. 1995. Another look at the instrumental variable estimation of error components models [J]. Journal of Econometrics，68（1）：29 - 51.

Arnade C，Kelch D. 2007. Estimation of Area Elasticities from a Standard Profit Function

[J]. American Journal of Agricultural Economics, 89 (3): 727 – 737.

Askari H, Cummings J T. 1977. Estimating agricultural supply response with the Nerlove model: a survey [J]. International economic review, 18 (2): 257 – 292.

Ball V E. 1988. Modeling Supply Response in a Multiproduct Framework [J]. American Journal of Agricultural Economics, 70 (4): 813 – 825.

Bamford C, Grant S. 2014. Cambridge International AS Level and a Level Economics Coursebook [M]. Cambridge University Press.

Benson T, Minot N, Pender J, et al. 2013. Information to guide policy responses to higher global food prices: The data and analyses required [J]. Food Policy (38): 47 – 58.

Blundell R, Bond B. 1998. Initial conditions and moment restrictions in dynamic panel data models [J]. Journal of Econometrics, 87 (1): 115 – 143.

Braulke M. 1982. A note on the Nerlove model of agricultural supply response [J]. International economic review, 23 (1): 241 – 244.

Brockhaus J, Huang J, et al. 2015. San Francisco, California. Agricultural and Applied Economics Association & Western Agricultural Economics Association [R]. No. 205988. Rice, Wheat, and Corn Supply Response in China//2015 AAEA & WAEA Joint Annual Meeting, July 26 – 28.

Brooks J. 2014. Policy coherence and food security: The effects of OECD countries' agricultural policies [J]. Food Policy (44): 88 – 94.

Bruno G S F. 2005. Approximating the bias of the LSDV estimator for dynamic unbalanced panel data models [J]. Economics Letters (87): 361 – 366.

Cao K H, Birchenall J A. 2013. Agricultural productivity, structural change, and economic growth in post-reform China [J]. Journal of Development Economics (104): 165 – 180.

Chambers R G. 1988. Applied production analysis: a dual approach [M]. Cambridge University Press.

Colby H; XinShen D, Somwaru A. 2000. Cross-Commodity Analysis of China's Grain Sector: Sources of Growth and Supply Response [R]. Technical Bulletin-United States Department of Agriculture, No. 1884.

Colman D. 1983. A review of the arts of supply response analysis [J]. Review of Marketing, 51 (3): 1 – 30.

Deininger K, Hilhorst T, Songwe V. 2014. Identifying and addressing land governance constraints to support intensification and land market operation: Evidence from 10 African countries [J]. Food Policy (48): 76 – 87.

Dhehibi B, Gil J M. 2003. Forecasting food demand in Tunisia under alternative pricing policies [J]. Food Policy, 28 (2): 167 - 186.

Diewert W E, Wales T J. 1987. Flexible Functional Forms and Global Curvature Conditions [J]. Econometrica, 55 (1): 43 - 68.

Dorward A. 2013. Agricultural labour productivity, food prices and sustainable development impacts and indicators [J]. Food Policy (39): 40 - 50.

Ezekiel M. 1938. The cobweb theorem [J]. The Quarterly Journal of Economics, 52 (2): 255 - 280.

Fezzi C, Bateman I J. 2011. Structural agricultural land use modeling for spatial agro-environmental policy analysis [J]. American Journal of Agricultural Economics, 93 (4): 1168 - 1188.

Finger R. 2010. Evidence of slowing yield growth-The example of Swiss cereal yields [J]. Food Policy, 35 (2): 175 - 182.

Gandhi V P, Zhou Z. 2014. Food demand and the food security challenge with rapid economic growth in the emerging economies of India and China [J]. Food Research International (63): 108 - 124.

George T. 2014. Why crop yields in developing countries have not kept pace with advances in agronomy [J]. Global Food Security, 3 (1): 49 - 58.

Gerbens-Leenes P W, Nonhebel S, Krol M S. 2010. Food consumption patterns and economic growth. Increasing affluence and the use of natural resources [J]. Appetite, 55 (3): 597 - 608.

Giovanni S. F. 2005. Bruno, Estimation and inference in dynamic unbalanced panel-data models with a small number of individuals [R]. KITeS Working Papers.

Griffiths W E, Anderson J R. 1978. Specification of Agricultural Supply Functions—Empirical Evidence on Wheat in Southern NSW [J]. Australian Journal of Agricultural and Resource Economics, 22 (2 - 3): 115 - 128.

Griliches Z. 1959. The demand for inputs in agriculture and a derived supply elasticity [J]. Journal of Farm Economics, 41 (2): 309 - 322.

Haile M G; Kalkuhl M, Von B J. 2016. Worldwide Acreage and Yield Response to International Price Change and Volatility: a Dynamic Panel Data Analysis for Wheat, Rice, Corn, and Soybeans [J]. American Journal of Agricultural Economics, 98 (1): 172 -190.

Hanjra M A, Qureshi M E. 2010. Global water crisis and future food security in an era of climate change [J]. Food Policy, 35 (5): 365 - 377.

Hansen L P. 1982. Large Sample Properties of Generalized Method of Moments Estimators

[J]. Econometrica (50): 1029 - 1054.

Harvey M, Pilgrim S. 2011. The new competition for land: Food, energy, and climate change [J]. Food Policy (36): S40 - S51.

Headey D D, Jayne T S. 2014. Adaptation to land constraints: Is Africa different? [J]. Food Policy (48): 18 - 33.

Hopper W D. 1965. Allocation efficiency in a traditional Indian agriculture [J]. Journal of farm economics, 47 (3): 611 - 624.

Huang J, Wang X, Rozelle S. 2013. The subsidization of farming households in China's agriculture [J]. Food Policy (41): 124 - 132.

Huang J. & Rozelle, S. D. 1996. Technological change: rediscovering of the engine of productivity growth in China's rural economy [J]. Journal of Development Economics, 49 (2): 337 - 369.

Huang Q, Rozelle S, Lohmar B, et al. 2006. Irrigation, agricultural performance and poverty reduction in China [J]. Food Policy, 31 (1): 30 - 52.

Huq A, Arshad F M. 2010. Supply response of potato in Bangladesh: A vector error correction approach [J]. Journal of Applied Sciences, 10 (11): 895 - 902.

John G. 2006. The supply response for sugar cane in Trinidad and Tobago: some preliminary results [J]. Applied Economics, 19 (9): 1221 - 1231.

Kanwar S; Sadoulet E. 2008. Dynamic Output Response Revisited: The Indian Cash Crops [J]. the Developing Economies, 46 (3): 217 - 241.

Lahiri A K, Roy P. 1985. Rainfall and Supply-Response: A Study of Rice in India [J]. Journal of Development Economics, 18 (2): 315 - 334.

Lau L J. 1978. Applications of Profit. Production Economics: A Dual Approach to theory and Applications Volume I : The Theory of Production [R]. Fuss and d. L. McFadden. Amsterdam, North-Holland Publishing Co.

Leaver R. 2004. Measuring the supply response function of tobacco in Zimbabwe [J]. Agrekon, 43 (1): 113 - 131.

Lin G C S, Ho S P S. 2003. China's land resources and land-use change: insights from the 1996 land survey [J]. Land Use Policy, 20 (2): 87 - 107.

Lin J Y. 1992. Rural Reforms and Agricultural Growth in China [J]. The American Economic Review, 82 (1): 34 - 51.

Lipton M. 1968. The Theory of Optimizing Peasant [J]. Journal of Development Studies, 4 (2): 26 - 50.

Lopez R E. 1984. Estimating substitution and expansion effects using a profit function framework [J]. American Journal of Agricultural Economics, 66 (3): 358 – 367.

Lovell M C. 1986. Tests of the rational expectations hypothesis [J]. The American Economic Review, 76 (1): 110 – 124.

Maitha J K. 1969. A supply function for Kenyan Coffee [J]. Eastern Africa Economic Review, 1 (1): 63 – 72.

Meilke K D, Kramar R E. 1976. Acreage Response in Ontario [J]. Canadian Journal of Agricultural Economics, 24 (1): 51 – 66.

Morzuch B J, Weaver R D, Helmberger P G. 1980. Wheat acreage supply response under changing farm programs [J]. American Journal of Agricultural Economics, 62 (1): 29 – 37.

Muth J F. 1961. Rational expectations and the theory of price movements [J]. Journal of the Econometric Society, 29 (3): 315 – 335.

Muyanga M, Jayne T S. 2014. Effects of rising rural population density on smallholder agriculture in Kenya [J]. Food Policy (48): 98 – 113.

Narayana N S S. and Parikh, K. S. 1981. Estimation of Farm Supply Response and Acreage Allocation: A Case Study of Indian Agriculture [R]. Austria International Institute for Applied Systems Anaysis.

Nerlove M, Bessler D A. 2001. Expectations, Information and Dynamics [J]. Handbook of Agricultural Economics (1): 155 – 206.

Nerlove M. 1956. Estimate of the Elasticities of Supply of Selected Agricultural Commodities [J]. Journal of Farm Economics (38): 496 – 509.

Nerlove M. 1958. The Dynamics of Supply: Estimation of Farmers' Response to Price [M]. Baltimore: Johns Hopkins Press.

Nickell S. 1981. Biases in dynamic models with fixed effects [J]. Journal of the Econometric Society, 49 (6): 1417 – 1426.

Nin-Pratt A, McBride L. 2014. Agricultural intensification in Ghana: Evaluating the optimist's case for a Green Revolution [J]. Food Policy (48): 153 – 167.

Nonhebel S. 2012. Global food supply and the impacts of increased use of biofuels [J]. Energy, 37 (1): 115 – 121.

Popkin B M. 2014. Nutrition, agriculture and the global food system in low and middle income countries [J]. Food Policy (47): 91 – 96.

Rahji M A Y, Ilemobayo O O, Fakayode S B. 2008. Rice supply response in Nigeria: An application of the Nerlovian adjustment model [J]. Agricultural journal, 3 (3): 229 – 234.

Regmi A, Meade B. 2013. Demand side drivers of global food security [J]. Global Food Security, 2 (3): 166 – 171.

Rezitis A N, Stavropoulos K S. 2010. Modeling beef supply response and price volatility under CAP reforms: the case of Greece [J]. Food Policy, 35 (2): 163 – 174.

Roodman D. 2009. How to do xtabond2: An Introduction to Difference and System GMM in Stata [J]. Stata Journal, 9 (1): 86 – 136.

Rosegrant M W, Kasryno F, Perez N D. 1998. Output Response to Prices and Public Investment in Agriculture: Indonesian Food Crops [J]. Journal of Development Economics, 55 (2): 333 – 352.

Sadoulet E, De Janvry A. 1995. Quantitative development policy analysis [M]. Baltimore: Johns Hopkins University Press.

Sakschewski B, von Bloh W, Huber V, et al. 2014. Feeding 10 billion people under climate change: How large is the production gap of current agricultural systems? [J]. Ecological Modelling (288): 103 – 111.

Schluter M G G, Mount T D. 1976. Some management objectives of the peasant farmer: an analysis of risk aversion in the choice of cropping pattern, Surat District, India [J]. Journal of Development Studies, 12 (3): 246 – 261.

Schneider U A, Havlik P, Schmid E, et al. 2011. Impacts of population growth, economic development, and technical change on global food production and consumption [J]. Agricultural Systems, 104 (2): 204 – 215.

Shumway C R, Saez R R, Gottret P E. 1988. Multiproduct supply and input demand in US agriculture [J]. American Journal of Agricultural Economics, 70 (2): 330 – 337.

Sidhu S S, Baanante C A. 1981. Estimating Farm-Level Input Demand and Wheat Supply in the Indian Punjab Using a Translog Profit Function [J]. American Journal of Agricultural Economics, 63 (2): 237 – 246.

Tenkorang F, Lowenberg-DeBoer J. 2009. Forecasting long-term global fertilizer demand [J]. Nutrient cycling in agroecosystems, 83 (3): 233.

Tweeten L, Thompson S R. 2009. Long-term global agricultural output supply-demand balance and real farm and food prices [J]. Farm Policy Journal, 6 (1): 1 – 16.

Wang J, Chen Y, Wang X, et al. 2010. Cycle Phase Identification and Factors Influencing the Agricultural Commodity Price Cycle in China: Evidence from Cereal Prices [J]. Agriculture and Agricultural Science Procedia (1): 439 – 448.

Westcott P C, Trostle R. 2012. Long-term prospects for agriculture reflect growing demand for food, fiber, and fuel [R]. Economic Research Service (10): 3.

Windmeijer F. 2005. A finite sample correction for the variance of linear efficient two-step GMM estimators [J]. Journal of Econometrics, 126 (1): 25 - 51.

Yu W, Jensen H G. 2010. China's Agricultural Policy Transition: Impacts of Recent Reforms and Future Scenarios [J]. Journal of Agricultural Economics, 61 (2): 343 - 368.

Zhu J. 2004. Public investment and China's long-term food security under WTO [J]. Food Policy, 29 (1): 99 - 111.

# 附　表

## 数据描述性统计

| 变量 | 单位 | Obs | 均值 | 标准差 | 最小值 | 最大值 |
|---|---|---|---|---|---|---|
| | | | 稻　谷 | | | |
| 播种面积 | 千公顷 | 680 | 1 474.84 | 1 173.40 | 46.70 | 4 418.90 |
| 单位面积产量 | 吨/公顷 | 680 | 6.33 | 1.18 | 1.71 | 9.46 |
| 利润 | 元/50 千克 | 680 | 386.65 | 241.49 | 30.29 | 1 205.75 |
| 价格 | 元/50 千克 | 680 | 71.63 | 42.13 | 11.51 | 159.91 |
| 预期利润 | 元/50 千克 | 680 | 385.62 | 228.57 | 52.78 | 1 222.16 |
| 预期价格 | 元/50 千克 | 680 | 71.75 | 41.18 | 13.60 | 164.55 |
| 比较预期利润 | 比率 | 674 | 1.32 | 0.88 | 0.21 | 6.33 |
| 比较预期价格 | 比率 | 674 | 0.78 | 0.61 | 0.08 | 2.79 |
| 灌溉面积 | 比率 | 680 | 0.38 | 0.11 | 0.08 | 0.67 |
| 价格风险 | 数值 | 680 | 0.10 | 0.07 | 0.00 | 0.37 |
| 自然风险 | 比率 | 680 | 0.32 | 0.17 | 0.02 | 0.99 |
| 11—3 月平均降水量 | 0.1 毫米 | 680 | 384.85 | 336.51 | 6.38 | 1 968.50 |
| 4—9 月平均降水量 | 0.1 毫米 | 680 | 1 337.25 | 545.66 | 252.93 | 3 229.25 |
| 11—3 月平均温度 | 0.1C | 680 | 48.49 | 75.23 | −166.80 | 175.82 |
| 4—9 月平均温度 | 0.1C | 680 | 214.51 | 31.03 | 142.67 | 272.60 |
| | | | 小　麦 | | | |
| 播种面积 | 千公顷 | 510 | 1 678.06 | 1 264.61 | 71.10 | 5 465.66 |
| 单位面积产量 | 吨/公顷 | 510 | 3.47 | 1.13 | 1.01 | 6.45 |
| 利润 | 元/50 千克 | 510 | 167.33 | 115.04 | 0.00 | 532.10 |
| 价格 | 元/50 千克 | 510 | 63.86 | 33.66 | 11.45 | 164.70 |
| 预期利润 | 元/50 千克 | 510 | 167.65 | 101.81 | 25.51 | 525.36 |
| 预期价格 | 元/50 千克 | 510 | 64.05 | 32.80 | 11.44 | 166.43 |

（续）

| 变量 | 单位 | Obs | 均值 | 标准差 | 最小值 | 最大值 |
|------|------|-----|------|--------|--------|--------|
| | | 小 麦 | | | | |
| 比较预期利润 | 比率 | 374 | 0.85 | 0.61 | 0.13 | 9.09 |
| 比较预期价格 | 比率 | 374 | 0.83 | 0.71 | 0.21 | 2.89 |
| 灌溉面积 | 比率 | 510 | 0.43 | 0.25 | 0.08 | 1.88 |
| 价格风险 | 数值 | 510 | 0.08 | 0.06 | 0.00 | 0.29 |
| 自然风险 | 比率 | 510 | 0.35 | 0.18 | 0.02 | 0.99 |
| 4—8月平均降水量 | 0.1毫米 | 510 | 879.60 | 515.46 | 42.36 | 2 318.24 |
| 9—4月平均降水量 | 0.1毫米 | 510 | 347.36 | 233.16 | 49.04 | 974.88 |
| 4—8月平均温度 | 0.1C | 510 | 178.95 | 86.84 | −166.80 | 247.61 |
| 9—4月平均温度 | 0.1C | 510 | 72.09 | 50.00 | −43.97 | 165.29 |
| | | 玉 米 | | | | |
| 播种面积 | 千公顷 | 646 | 1 304.48 | 985.36 | 20.80 | 5 821.10 |
| 单位面积产量 | 吨/公顷 | 646 | 4.77 | 1.25 | 1.28 | 7.95 |
| 利润 | 元/50千克 | 646 | 255.64 | 173.44 | 0.00 | 922.97 |
| 价格 | 元/50千克 | 646 | 55.09 | 31.66 | 9.83 | 131.63 |
| 预期利润 | 元/50千克 | 646 | 254.40 | 171.24 | 4.57 | 947.13 |
| 预期价格 | 元/50千克 | 646 | 55.27 | 31.25 | 8.76 | 134.26 |
| 比较预期利润 | 比率 | 646 | 0.62 | 0.28 | 0.02 | 2.10 |
| 比较预期价格 | 比率 | 646 | 0.60 | 0.47 | 0.08 | 2.03 |
| 灌溉面积 | 比率 | 646 | 0.40 | 0.23 | 0.08 | 1.88 |
| 价格风险 | 数值 | 646 | 0.09 | 0.07 | 0.00 | 0.38 |
| 自然风险 | 比率 | 646 | 0.35 | 0.18 | 0.02 | 0.99 |
| 11—3月平均降水量 | 0.1毫米 | 646 | 200.59 | 189.18 | 6.38 | 1 140.10 |
| 4—9月平均降水量 | 0.1毫米 | 646 | 1 000.65 | 504.60 | 103.17 | 2 912.30 |
| 11—3月平均温度 | 0.1C | 646 | 11.78 | 74.05 | −166.80 | 167.39 |
| 4—9月平均温度 | 0.1C | 646 | 198.11 | 28.90 | 142.67 | 269.03 |
| | | 大 豆 | | | | |
| 播种面积 | 千公顷 | 340 | 641.65 | 770.60 | 105.70 | 4 246.10 |
| 单位面积产量 | 吨/公顷 | 340 | 1.60 | 0.52 | 0.52 | 3.50 |
| 利润 | 元/50千克 | 340 | 185.44 | 135.75 | 0.00 | 689.44 |

（续）

| 变量 | 单位 | Obs | 均值 | 标准差 | 最小值 | 最大值 |
|------|------|-----|------|--------|--------|--------|
| | | | 大　豆 | | | |
| 价格 | 元/50 千克 | 340 | 124.88 | 68.34 | 29.46 | 275.24 |
| 预期利润 | 元/50 千克 | 340 | 185.49 | 123.93 | 0.00 | 691.25 |
| 预期价格 | 元/50 千克 | 340 | 127.00 | 62.56 | 38.30 | 269.13 |
| 比较预期利润 | 比率 | 340 | 0.49 | 0.19 | 0.00 | 1.32 |
| 比较预期价格 | 比率 | 340 | 1.58 | 1.17 | 0.19 | 5.17 |
| 灌溉面积 | 比率 | 340 | 0.37 | 0.11 | 0.08 | 0.61 |
| 价格风险 | 数值 | 340 | 0.09 | 0.06 | 0.00 | 0.57 |
| 自然风险 | 比率 | 340 | 0.38 | 0.20 | 0.02 | 0.99 |
| 11—3 月平均降水量 | 0.1 毫米 | 340 | 151.11 | 157.61 | 17.06 | 918.08 |
| 4—9 月平均降水量 | 0.1 毫米 | 340 | 886.41 | 302.12 | 318.71 | 2 125.33 |
| 11—3 月平均温度 | 0.1C | 340 | −22.40 | 63.76 | −166.80 | 77.61 |
| 4—9 月平均温度 | 0.1C | 340 | 192.10 | 25.39 | 142.67 | 239.84 |

注：数据来源中国统计年鉴，全国农产品成本收益资料汇编等。

图书在版编目（CIP）数据

中国粮食供给反应研究／王晨，土济民著. —北京：
中国农业出版社，2022.9
ISBN 978-7-109-29905-4

Ⅰ.①中…　Ⅱ.①王…②王…　Ⅲ.①粮食问题－研
究－中国　Ⅳ.①F326.11

中国版本图书馆 CIP 数据核字（2022）第 156660 号

中国农业出版社出版

地址：北京市朝阳区麦子店街 18 号楼
邮编：100125
责任编辑：赵　刚
版式设计：杜　然　责任校对：沙凯霖
印刷：北京中兴印刷有限公司
版次：2022 年 9 月第 1 版
印次：2022 年 9 月北京第 1 次印刷
发行：新华书店北京发行所
开本：720mm×960mm　1/16
印张：11.25
字数：200 千字
定价：68.00 元